胡展诰 著

刻意放松

4步带你走出压力

天津出版传媒集团

天津人民出版社

图书在版编目（CIP）数据

刻意放松 ：4步带你走出压力 / 胡展诰著. -- 天津 ：
天津人民出版社，2025. 8. -- ISBN 978-7-201-21199-2

Ⅰ. B842.6-49

中国国家版本馆CIP数据核字第2025GQ2380号

天津市版权局著作权合同登记：02-2024-089

刻意放松 ：4步带你走出压力

KEYI FANGSONG：4BU DAINI ZOUCHU YALI

出　　版	天津人民出版社	
出 版 人	刘锦泉	
地　　址	天津市和平区西康路35号康岳大厦	
邮政编码	300051	
邮购电话	（022）23332469	
电子信箱	reader@tjrmcbs.com	
责任编辑	张校博	
装帧设计	王　烨	
印　　刷	天津新华印务有限公司	
经　　销	新华书店	
开　　本	880毫米×1230毫米　1/32	
印　　张	7	
插　　页	2	
字　　数	130千字	
版次印次	2025年8月第1版　2025年8月第1次印刷	
定　　价	48.00元	

献给为生活与爱人抗起压力的你

请送给自己一次疗愈之旅

自　序

放松，心的日常保养

　　刚开始从事心理咨询的前几年，我主要的服务对象是儿童和青少年，无论他们因为什么问题被大人带到我这里，多数的孩子都是充满活力、神采奕奕的。他们开心地玩、畅快地哭、用力地生气（也包含跟我吵架），并且充满好奇地探索治疗室里的一切，虽然偶尔会因为这样弄坏几个玩具。

　　为了让治疗效果扩及咨询室之外，我主动与他们的父母及老师谈话，设计许多有助于理解儿童青少年心理的课程，投入大量的时间与精力到许多地方演讲，希望能够在此过程中与他们建立合作关系，协助他们在养育方面更轻松一些。

　　可是，事情并没有我所想的那么顺利。

　　这些大人要不是漫不经心地滑手机、改作业、做自己的事，就是与旁边的人聊天，还有人大喇喇地睡到差点从椅子上跌落。有好多次才刚踏入演讲的会场，台下老师、家长们用哀怨与空洞的眼神凝视着我，好像我是他们累世的冤亲债主。也曾遇过有老师一脸厌倦、毫不客气地说："我学这些要干吗？现在的孩子没救啦！"

其实我们真的都累了

我在他们身上感觉不到活力,除了一脸倦容之外,对工作缺乏热情,对关系经营失去希望,除了赶快把手边的工作完成之外,他们似乎对于学习更多新的东西相当排斥。除了"厌世"二字,我找不到更贴近这一群人的形容词。

有一段时间,我在与这些大人接触时感到挫败、无力,甚至浮现负面情绪:"孩子是你们的,不是我的,干吗对我有情绪呢?""如果连你们都是这种消极的态度,孩子怎么可能教得好?""假如这一群人都是这种德行,我实在很懒得再花力气为他们思考更好的课程内容……"

等一下!

缺乏成就感与希望感、容易情绪化、抗拒学习新东西……我当下所感受到的情绪,不就是这一群大人内在最真实的写照吗?

那一刻我才惊觉:原来这些家长与老师并不是消极,也不是拒绝成长,而是他们真的太疲惫了,以至于内在慢慢失去容纳新事物的空间,也失去了学习的动力。

这群人从事的并不是什么重度体力或极具危险性的工作,他们就跟你我一样,或许只是平常的上班族,有固定的休假、可预期的薪资、明确的升迁机制,工作内容也不常有太大的变动。我们的收入或许可以维持不错的生活质量,偶尔也会出国旅游、参加团购、吃美食……如此堪称稳定的生活,怎么还会有压力或过劳呢?

原因在于,这些方式都是"由外而内"的自我照顾,我们是通过外在的因子来调节内在的压力,但另一个影响我们身心状态的重要管道,就是"由内而外"的心理历程,包括你解读事情的框架、看待自己的观点、是否了解自己真正的需求……这是一种相对主动的过程,也就是说,虽然每一个人处在同样的情境,却有截然不同的解读与影响情绪的关键因素。

我发现这些人的内在都有一些共通点:

- 对自己的要求近乎严苛,不允许自己有犯错的机会。
- 对事情经常抱持最糟的预期,好像不担心的话,坏事就会发生。
- 希望事情可以完全按照预期发展,不允许任何意外发生。
- 知道放松很重要,却又觉得休息或娱乐是不应该、不重要的事。
- 以为只要不工作的时候就是在放松。
- 麻烦的是,我们都误以为前面几个现象是正确的。

这些都是我们从小被环境灌输且深信不疑的信念,即使明明处在安全或舒适的状态中,这些信念依旧随时督促我们要保持警惕,以避免发生不好的事情,而我们也因此不自觉地长期处在难以放松的状态。

原来，那些我一直以为很难教的大人，其实只是一群累坏了的大孩子。

放松了，才有前进的力量

后来我到学校、企业、政府单位带领研习时，一开场就会温和而真诚地鼓励他们照顾好自己："假如你有带咖啡或饮料来，请记得随时优雅享用；假如你有带作业或考卷要来改，请放心处理你的工作，处理完以后如果有兴趣，欢迎随时投入听讲；假如你现在很想睡觉，怎么办呢？没关系，我现在就带领各位做一段呼吸放松练习。"

每一次当我讲完这段话，现场都有人笑出来，有些原本看起来很紧绷的人，脸部线条也变得柔和放松许多。绝大多数的人会放下手边的东西，端正坐姿，闭上眼睛，准备跟随我开启一段放松之旅。

我说这一段话的目的不是讨好听众，或者故意吸引他们的目光，而是打从心里想好好照顾眼前这一群人。面对疲惫、紧绷的人，唯有先照顾好他们，营造一个放松且滋养的氛围，才有可能让他们清出一些内在的空间，愿意开放自己，涵容更多你想要他们吸收的信息。当他们被照顾了、放松了，才有力气回过头去好好经营自己的工作与生活。

出乎意料的是，每一次在完成呼吸放松练习之后，大部分的人都选择放下手边的工作，专心听讲，即使少部分决定要先改作业的人,也很明显地加速处理手边的事情,然后抬起头听我演讲。我只是允许他们放松,但他们的态度却比被他人规定或督促时还要主动且专注。

可惜的是,从小到大我们学习积极、学习努力,就是忘了学习放松;我们很努力学会照顾别人,就是忘了学会照顾自己。因为这样,我的咨询风格开始转型,从早期重视指导与教育,加入了更多鼓励与支持的元素。因为我相信,当一个人的内心拥有了余裕空间,就能重新长出学习与成长的动力。

坦白说,有时候当你停滞不前、觉得低落或困顿时,往往与消极或懒惰无关,而是你真的紧绷太久,也无力了。我也相信,你其实很期待自己能够拥有继续前进、好好面对生活的勇气。假如是这样,或许你需要的不是鞭策、逼迫自己,而是好好地学会让自己放松这件事。

用放松作为日常保养

据说,这几年各家电动车厂在研发效能卓越的电力管理系统时,都会有"藏电"的动作:刻意保留部分电力,避免电池因为耗竭而造成不可修复的严重损坏。同样的道理,你不是要把身体磨耗到筋疲力尽,甚至生病、受伤了才允许自己休息,而是在日常生活中练习刻意放松,让你的身心随时保持着"有消耗,就有补充"的动态历程。

假如你也是一个非常负责、总是严格对待自己、不太能够允许

自己休息的人,衷心期待你在阅读这本书的过程中,能够逐渐意识到两件重要的事:

第一,"放松"其实是一种非常积极的行动,不仅能够让自己的身心保持在开放且稳定的状态,还能为自己灌输源源不绝的行动能量。

第二,无论如何,你都是一个值得被好好疼惜、呵护的人,而这件事情不需要由谁来允许,只要你愿意,随时随地都可以练习让自己好好放松。

目　录

前　言

放松何需刻意？

在《西藏生死书》(*The Tibetan Book of Living and Dying*)中,有一首名为《人生五章》的诗:

第一章:我走在街上,街上有一个坑洞,我掉了下去。我一时之间不知道发生了什么事。这不是我的错。费了一番工夫才爬上来。

第二章:我走上同一条街,坑洞依旧在那里。我没有注意到,还是掉了进去。我不能相信竟然会掉进同一个洞,这不是我的错。还是费了一番工夫才爬上来。

第三章:我走上同一条街,也注意到坑洞就在那里,我还是掉了进去。这是一种惯性,我张开眼睛,知道自己身在哪里。我知道,这是我的问题,我立刻爬了出来。

第四章:我走上同一条街,人行道上有一个坑洞,我绕道而行。

第五章:我走上另一条街。

诚如此诗，人生其实就是一段持续摸索各种答案的旅程，偏偏关于生命这件事，往往没有唯一正确的答案。多数时候我们是依靠惯性过生活，但是太过依赖惯性却很可能像这首诗里的主角一样，让自己重复掉进某些让自己受苦的坑，却浑然不知。

关于放松，你正处在哪一章？

有人以为要等到赚够了钱才有资格谈放松，可是在你努力赚钱的漫漫时光里，许多重要的时光与人、事、物也随之流逝。

有人以为要等工作都完成了才可以放松，可是随着年纪增长、责任越重，需要处理的工作只会更多，不会减少。假如你是一个工作繁忙，甚至需要"随时待命"（on call）的人，难道就注定无法放松了吗？

有人以为吃喝玩乐、提升物质生活就是放松，可是过度放纵的生活习惯，却可能给身心健康造成更大的负担与伤害。许多买了却用不到的东西，除了带来短暂的快乐之外，对你的放松似乎没有太多帮助。

有些人以为出游或露营就是放松，可是如果你感觉到自己依旧挂心放假前的工作、假期结束后的工作，明明人在开阔的大自然里，心却忐忑不安，担心着搭帐篷后会下雨、回程会塞车……我相信这种质量的度假，很难让你感觉到放松。

那么,到底什么才是放松? 好像做这也不是、做那也不对,到底是要怎样? 放松怎么会这么困难?

其实,所谓的放松就是一种友善的自我照顾:了解自己真正的需求,然后用适当的方式来满足这些需求。假使你渴望的是被陪伴,却用大吃大喝来抚慰孤独;假使你需要的是被理解,却用指责大骂的方式来宣泄情绪;假使你需要的是肌肉发炎的修复,却跑去参加马拉松……可以想象,这些行为都难以为你带来真正放松的效果。

重复无效的行为,是无法获得有效结果的。

而从觉察开始,进而带着清晰的意识做出非惯性的行动,这个过程,就是刻意的精神。所以,"刻意放松"其实就是借由倾听自己、觉察自己内在的需求,并且带着觉察,以适当的方式来照顾自己的过程。

在这本书中,我将用四个篇章与你分享"刻意放松"这件事:

一、觉察引发压力的因素

谈到"是什么让你感到压力",我相信每一个人都可以举出很多例子,内容不外乎:职场与工作、健康问题、子女教养、经济问题、生涯发展等,这种种引发压力的因素称为"压力源"。

重点来了:压力源并不等同于压力,但我们却深深相信所有的压力都是由这些外部因素所引起。

让你感到压力爆棚的某一件事情,对其他人很可能只会引发轻微的焦虑;让别人觉得喘不过气的某些挑战,对你而言处理起来可能只是一碟小菜。所以,事件本身多多少少会引发你的压力感受,但真正决定你的压力大小、延续多长时间的关键原因,往往是你的生活态度,以及解读事情的观点与方法。

减少工作量、换一个更友善的职场、提升生活质量……或许都能让你更放松,不过这些都是仰赖外在环境的变化,这种"由外而内"的影响有一个限制:倘若内在的态度与观点没有调整,个人放松与否,都只能交由外在环境来决定。

本书的第一部分"压力之源"会陪伴你深入内在,了解某些如影随形、隐微且难以觉察的惯性是如何对我们造成压力的。一旦理解这些内在的心理机制,你将会长出"由内而外"的压力调节能力,即使外在环境的变化有限,你依旧能够有效缓和内在的压力程度,帮助自己更放松。

二、学会安顿自己的情绪

许多看似有问题的行为,真正的核心是情绪问题。这是我在心理咨询中很重要的发现。好比说:因为敬酒衍生出肢体冲突、因为害怕丢脸而选择说谎来掩盖事实、因为悲伤难过而大吃大喝……这些不适当的行为不仅没有安顿情绪的效用,还可能引发更多扰人的问题。

我们的情绪经常是不流动的,包括感受不到自己的情绪、辨识不出内在的情绪、不知道该如何适当且有效地表达。这些负面情绪就阻塞在心里,引发身心层面的不舒服。

一个情绪流动顺畅的人,可以如实感受到某些情绪正浮现出来但不加以评价,能够辨识内在的情绪是什么,并且练习用各种适当的方式来处理内在情绪。允许情绪浮现、适当地处理情绪,然后让情绪自然而然地缓解与消退,这样的历程就像是一条流动顺畅的溪流,保持着稳定、放松而自在的状态。

在第二部分,我会与你分享许多安顿情绪的策略,帮助你长出与情绪共处的能力,不仅仅是消极地缓和情绪,也可以通过辨识这些情绪生成的源头,主动减少许多不必要的负面情绪产生。

三、练习活在当下

假如有人问:"你希望职业生涯走得快,早早功成名就,还是希望走得长久,然后渐入佳境?"

相信聪明过人的你,一定很快就能找到最佳答案:"傻瓜才会二选一,我当然要选择走得又快又长久、从头到尾都顺遂啊。"听起来很棒,对吧?

可是,你仔细想想:假如你用百米冲刺的速度毫不保留地去跑马拉松,后果肯定惨不忍睹。

生命的旅程就像一场马拉松,很多时候,我们的目光都聚焦在某些目标上,好比说考上某所名校、存到几桶金、升迁至某个职位、在某地段拥有一栋房子……总觉得获得某些成就才是人生最重要的任务,才可能获得美好的生活,却忽略了在这一趟辛苦的旅程中,本来就有许多美好而珍贵的风景一路相伴。

倘若你的目光都关注在不断地解锁成就、追求更多目标,那么你随时都会感觉自己处在匮乏的状态——因为觉得不足,所以必须努力获得更多。假如你的心态经常是"等到___,我才要___",你可能会错过生命中许多重要的事物。无论是为了追求更多而产生的匮乏感,还是因为错过重要的事物而产生的后悔,都会耗损我们的心理能量。

或许,生活并不是因为拥有了什么才能放松,而是因为懂得放下、懂得满足而过得轻松自在。想要过得更放松,不是要往外追求更多、获得更多,而是向内探寻自己真正的需求,并且珍惜当下已经拥有的。

生命不需要过得完美,但值得过得更完整;人生无法尽善尽美,但可以努力减少不必要的后悔。

四、将所学应用到日常生活中

无论是阅读还是学习,最重要的目的都是"从知道到做到",也就是将所学实际运用在日常生活中,这样才可能为生活带来实际的改变。

不过,这件事情并没有想象中的容易,即使你知道了某些有助于放松的技巧,但这毕竟不是你熟悉的行动,大脑对于要执行新行为的神经回路尚未被建立起来,因此做起来特别耗能,甚至有些不舒服。许多人往往因为这样就放弃了,回头重拾旧的生活习惯。

请你先问问自己:

●放松,在你的成长历程中是一种被鼓励的行为吗?

●无论忙碌与否,你是否都会刻意为自己安排休息时间?

●你是否会刻意为自己挑选有益健康(却未必都美味)的食物?

●你是否能够刻意筛选充满滋养(而非耗能)的人际关系?

●除了可以立即享受到乐趣的事情之外,你是否也愿意刻意从事一些短时间未必舒适,但长期持续却有益身心的事情?

面对上述几个问题,假如你的答案大多为否,那么你真的需要练习刻意地让放松进入你的生活。

请别急着气馁,我们的目标不是要在一瞬间改头换面、完全改变生活方式,而是学习新的概念与方式,从简单的步骤慢慢练习。你甚至会发现,本书提到的某些练习,是你生活中本来就在做的事,练习呼吸、专注地做一件事、借由简单的方式静心、找回生活的掌控感,等等。

　　请放心,这不是学校的期末考试,不需要在准备很久之后才能在困难的测验中知道自己学习的状况。重点是体验,而不是去评价自己的学习结果。

　　本书提供的活动可以让你在每一次的练习中,都收到一些正向的体验。随着你练习的次数越频繁、时间越长,当然越能够将这些活动落实到你的生活中。慢慢地,这些活动不再是一种需要特别费心执行的练习,而是会成为你日常生活的一部分。

PART 1 / 压力之源

刻意放松,是带着意识去探寻压力来源。
假如同一件事情对不同人造成不同程度的压力,
那么,引发压力的来源或许不仅仅是外在事件,
也与我们内在解读事件的观点密切相关。
想要减缓压力、学会放松,
就必须认识这些引发压力的内在因素。

第1章　惯性的力量

假使每一天早晨睁开眼睛都是全新的一天,其实是一件非常吓人的事情。

好比说:你对于要从衣橱里挑出哪些衣服来搭配感到生疏;必须重新耗费一番心力研究从家里到学校或公司的换乘路线与时刻表;坐上汽车驾驶座之后,开始困惑该做哪些动作才能启动引擎;到了学校或公司后,连要去哪里打卡、该如何打卡都不清楚……

幸好我们拥有一种很重要的资源,叫作"惯性"。

惯性帮助我们不费力地将日常生活维持在基本轨道上,像是:能够在上学途中流畅地换乘交通工具;知道大约几点出门能游刃有余地买份早餐;清楚如何响应会让你的主管"龙心大悦";熟知家里的可乐通常摆放在冰箱侧门由上往下数的第三层,以及当你造访心爱的餐厅时,可以省力且快速地完成点餐。

那么,我们的惯性是怎么来的呢? 关于这件事,可以从生物演化的角度来简单认识。

演化而来的惯性

假如有人说:"相较于其他生物,人类是进化得特别成功、相对有智慧的高等生物。"你应该不会反驳吧？毕竟我们的确发明出许多惊人的高科技产品，住在舒适安全的空间，享受各种用令人惊叹的手艺烹调而成的美食。至今，地球上还没有人类以外的生物有这种成就。

然而，瑞典精神医学专家安德斯·韩森(Anders Hansen)曾经提出一个很有趣的说法。他说，如果将首次在东非出现人类足迹到现在的这段时间划分成一万个点的话，人类拥有汽车与电力的时间只占了其中八个点，享受计算机和飞机的时间，只占了三个点左右。那么占据你我生活绝大多数时间并且让人重度依赖的手机，又在人类发展史中占了几个点呢？

答案是……一个点。

也就是说，在人类的演化过程中，原始生活占了人类发展史百分之九十九点九以上的时间，相较之下，智能型生活所占的时间比例微乎其微。这意味着我们生活在这个高科技的现代环境里，或许还是带着某些原始的惯性。

那么，人类为求生存而演化出来的惯性包括什么？

在原始生活中，人类靠狩猎和采集维持生活，每一天睁开眼最重要的事情是努力狩猎与采集果实，尽可能填饱肚子，以及谨慎地避免成为其他猛兽的食物。在这种前提之下，为求生存，我们会发展出的惯性包括：

1.能吃就尽量吃。毕竟没有人能够保证,那一颗颗鲜甜多汁的果实明天还会不会完整地留在树上;而眼前那一头可口美味的猎物,绝对不会乖乖待在原地等待你明天才来大饱口福。在种种不确定的情况下,想要活下去,就得把握住每一次进食的机会。

2.同时关注很多件事情。草原上危机四伏,如果你因为成功摆脱一头狮子就放松地坐在草地上专心享用餐点,可能就会忽略不远处的草丛里,还埋伏着几头正准备将你大快朵颐的猛兽。

3.对负面信息特别敏感。在危机四伏的大草原上,错过几件开心的事情对你的生命没有大碍,但若忽略了某个负面刺激,好比说周遭隐约的低吼、草丛里异常的动静、远方洪水袭来的声浪,很可能会让自己一命呜呼。因此,敏锐地攫取每一个负面信息就显得格外重要。宁可因为误判情境而逃跑,也不要拿生命开玩笑。

听起来似乎合情合理。然而,假如我们把这些很久之前有助于人类生存下来的惯性,原封不动地复制到现代生活中,又会带来什么影响呢?

1.不同于草原生活,现在无论你何时去快餐店,永远都有充足的炸物和碳酸饮料卖给你。但"能吃就尽量吃"的惯性,却让你在点了套餐之后毫无抵抗力地听从店员的建议,将薯条和浓汤的分量升级或再点一杯奶昔。长时间如此饮食对健康会造成什么影响,你一定很清楚。

2.坐在教室里听课时,假如你注意力分散、东张西望,一下子起身、一下子玩抽屉里的东西,不仅会有粉笔朝你飞来,你也将错失许多课程重点,还可能因此被贴上"注意力不足"的标签。假使你在与主管或客户开会时频繁分心,过不了多久就得卷铺盖走人。

3.下班路上,你脑袋里反复回想着刚刚在会议上老板纠正你某个数字出错,却忽略老板在会议上大大肯定你提出的对公司极有帮助的计划。你对老师忽略了你的某个提问耿耿于怀,却忘了若不是因为要赶进度,绝大多数的时间老师都会很有耐心地回答你的提问。

所以,延续至今的某些惯性能确保我们花费较少的心力就能将生活维持在正常轨道上,但有些惯性却对我们身心健康造成负面影响。

本书的第一部分会提到许多我们习以为常甚至毫无觉察的惯性,这正是造成身心压力、让我们难以放松的主要原因。

惯性可能正是问题制造机

几年前,我和太太第一次到日本自助旅行。由于旅游天数不多,加上我们俩都很容易焦虑,所以事先就缜密地规划了所有行程与交通路线,希望用最有效率的方式,在有限的时间内造访更多景点。

前两天行程都很顺畅,直到第三天傍晚从广岛回到京都车站时,我们才发现忘了查询如何从车站乘车回民宿。京都车站前的公交系统有些复杂,傍晚下了一阵雨之后气温骤降,我们的脚也有点酸了。愣在原地不知道该怎么办时,我感觉到彼此都开始有些不耐烦。由于当天晚上我们还订了一间很有名的餐厅,倘若没有赶过去,可能会被取消订位。

如果放任不耐烦的情绪继续蔓延,依照过往惯性,接下来的对话很可能是:

"啧,你怎么没有先查清楚路线呢?这样很浪费时间耶!"

"查路线是我一个人的责任吗?你做了什么?干吗都推给我?"

"你讲话有需要这么不客气吗?"

这样下去,一场冲突势必会发生。

既然觉察到剧情可能会如此发展,我是否能够做些什么来避免呢?

我请太太在原地稍等一下。几分钟后,我端了两杯热乎乎的咖啡回来,将其中一杯递给她说:"你看,我们这么用心规划,结果还是漏掉了一个行程。"

"什么行程?"太太接过咖啡,有些好奇。

"迷路啊!"我说:"人生中有多少次机会,居然可以在冷得要死的京都迷路?"然后我们两人都笑了出来,气氛顿时轻松许多。

于是我们打了电话,用英文向餐厅取消订位,接下来在车站周围找到一个看起来很友善的女孩,努力用生疏的日文向她询问如何乘车,后来,借由这位女孩的"神回应",我们不仅顺利转回正确的路线,还额外得知一间价格实惠又美味的当地餐馆。

由惯性所启动的反应,绝大多数是凭借着旧经验行动。面对日常生活中单纯的、重复的例行公事(像是煮饭、通勤、缴费)通常没有太大问题,但面对复杂的情境时,像是:

●面对亲子问题或婚姻冲突时,假如你惯性地把注意力转移到工作上,对于关系的修复显然弊大于利。

●感冒、生病而感到身体不适时,假如你惯性地自责没有照顾好自己、质疑医生问诊不够有耐心,或是抱怨身边总没人相伴,衍生出的负面情绪会让你更不舒服。

●当好友婉拒了你周末聚餐的邀约,假如你惯性猜疑是否自己做错什么事,是否自己的提议太无趣,害怕又将失去一个朋友……那几天,你的心情可能会很煎熬。

●每当你感觉低落或忧郁时,假如惯性地依赖酒精或药物来麻痹自己,回避负面情绪与感受,长时间下来肯定会对健康造成很严重的伤害。

这些你所习惯的行为、思考,都有一个共通性:回避问题与负面情绪,试图用其他方式让自己舒服一些。这些惯性反应通常都不需要花你太多力气就会自行启动,熟练地重复循环,久而久之,你的身心健康、人际关系、家庭与工作很可能会陷入一片混乱。

觉察,是调整惯性的开始

当你全然仰赖惯性来过生活时,也将逐渐失去应对问题的弹性。

如果想要拥有更满意的生活,我们不该继续被这些以前可能很管用、现在未必有效的惯性持续绑架。为了切断这种自动化的联结,你必须练习站在一个客观的立场来观察自己,而这个过程也被称为觉察。

觉察是很重要的内在机制,它像是一个不带评价且中立的旁观者,打破我们习惯看事情的框架,温柔地提醒自己:亲爱的,某个情绪浮现了,某个惯性反应即将启动啦。借由觉察,可以让我们避免陷入过往的循环,并且采取不同于以往、更有效的问题应对策略。

自我觉察的能力越成熟,就越能够帮助自己辨识出内在一套套重复上演的老旧戏码。于是在生活中，你将不再被惯性所驱使，而是带着觉知，主动做出适合当下的响应。

对了！在京都遇到那一位女孩，究竟给了我们什么"神回应"呢？

当时我们有些紧张地用生疏的日文向她询问，搭哪一趟公交车才能抵达我们要去的地方。然后她看着我们，亲切地用一口流利的中国话说："你们搭××线就可以了。"看着我们惊讶的表情，她灿烂地笑说："嘿嘿，我也是台湾来的。啊，对了，那条路上有一家很好吃的餐厅哦，你们可以提早一站下车……"

这一段插曲成了我们旅程中很美好的回忆。

假如依循惯性，我们很有可能会在现场大吵一架，但觉察帮助我停下脚步，并且在思考过后，决定选择以不一样的方式来响应。

其实面对生活中许许多多的情境，我们或许都有很好的应对能力，问题就出在我们太常任由惯性来主导我们的行为，以至于常常做出让自己后悔莫及的事情。

从此刻开始，提醒自己常常练习觉察，你或许无法时时刻刻都保持了了分明的状态，但只要你提醒自己觉察，就有机会停下脚步，尝试以更适当的方式来响应当下的情境。

第2章 多任务处理模式

我没有助理,一年数百场的工作邀约回复、交通旅程规划(订票、换乘)全靠自己亲自打理。工作繁忙的时候,我根本没有完整的时间坐在计算机前好好处理这些细项,经常是在走路、乘车的过程中趁空当滑开手机,同时完成回信、订票、规划行程等各种工作。

但也因为这样,我发生过好几次严重的失误。

好比说:因为思考工作的事情,结果列车到站却忘记下车,让来接我的人员在车站空等,耽搁了演讲的时间;也曾不小心在同一个时段安排了两场演讲,结果当我准备开始演讲时,却收到另一个单位问我人在哪里,让那一个单位的讲座开天窗;还有一次在高铁站边等待对方来接我去演讲时,我一边低头滑手机一边上车,完全没发现自己上错汽车,吓得车上的女司机惊声尖叫,甚至还惊动铁路警察前来关切。

追求效率是需要付出代价的

像这样一心多用、同时处理很多事情的行为,也叫作"多任务处理模式"(multi-task mode)。而这种模式,对现代人而言再熟悉不过了。

小时候曾经看过同学骑变速脚踏车时放开双手，一边啃着左手的吐司，右手握着一杯红茶，这已经是我觉得不可思议的特技了。即使如此，他的双眼依旧紧盯着眼前的路况。但我万万没想到，二十年后的景象更是夸张。

大马路上，经常看到行人走路（甚至是骑车、开车）时，低头注视着手机，丝毫没有发现自己闯了几个红灯，还有几辆惊险闪避他的车。有些人甚至突然间停下脚步滑手机，完全没意识到自己站在车水马龙的路中央。

坐在办公桌前，我们习惯同时点开许多窗口，这里做一点，那里也做一点；跟家人相处的时候同时挂念着办公室的事情，回复公务群组的信息；用餐时间同时检查孩子的作业或联络簿，或者训斥孩子被老师投诉的行为。

看起来很有效率，对吧？

生活在信息爆炸的时代，似乎得同时做很多事，才算是跟得上时代的脚步。但是，即使你没有像我那样忘了下车、走错月台，也没有因为在路上滑手机而发生意外，多任务处理依旧会对你造成某些负面影响。

为了帮助你明确体会一心多用对大脑造成的负担，我们来玩一个默数的游戏。

首先，请你开启手机里的计时功能（通常可以在手机自带的时钟应用里找到）。这个游戏总共有三个步骤，完成了步骤一之后，先记录下你花费的秒数,然后再依序进行步骤二及步骤三。

准备好了吗? 来,开始啦!

步骤一:请在心里默数,从数字1数到26,总共花费了____秒。

步骤二:请在心里默数,从英文字母 A 数到 Z,总共花费了____秒。

步骤三:结合前两步骤,请在心里默数,以 1A、2B、3C……的规则依序配对到26Z,总共花费了____秒。

前两个步骤对多数人来说应该是轻而易举的,但假如你连步骤三也能够一气呵成、顺利地从头默数到最后,那我真的对你佩服得五体投地!

为什么呢?

多任务处理,其实是在为难自己的大脑

脑科学家发现,当你同时处理许多事情时,事实上并未如你以为的多件事情同时进行。你只是表面上看起来犹如八爪章鱼般一次同时做许多事,但你的注意力却是在多件事情之间不断来回切换。

也就是说,当你刚要静下心专注做一件事时,注意力就被切断,被迫转移到另一件事情上;正当你又要专注在新的事情时,注意力

再次被切断，切换到另一件事情上……一整天下来，这种现象在无意识的情况下重复无数次，直到你筋疲力尽，回过神时才发现：怎么快下班了？为什么累得半死，却没有一件事情是好好完成的呢？

在这里，请特别留意专注力的两项特质：

第一，当你想要专注在一件事情上，大脑必须耗费一些力气与时间，而非瞬间就能够全然专注。所以翻开一本书、开启一个档案夹，你通常需要一些时间热身（或复习），才能够逐渐进入专注的工作状态。

第二，当我们想要将注意力切换到另一件事情时，依旧会有一部分停留在前一件事情上，这种现象称为"注意力残留（attention residue）"。所以当你期待孩子从专注的事情（玩电动、打球）中去做另一件事情时，他们会呈现有些心不在焉的状态。或许不是他们不听话，而是因为他们有一部分的注意力还停留在刚刚专注的事情上。

想想看，当你在处理某一件事情的时候，不经意地滑一下手机，点开购物网页，接听一通电话，响应通信软件的信息，与同事讨论几个午餐选项，翻一翻手边还未处理的待办事项，又不经意地滑一下手机……你在这些动作中所耗费的与残留在前一件事情上的注意力，累积起来是不是相当惊人？大脑历经一整天如此的消耗，你怎么可能不疲累呢？

现在，让我们再回到前面的默数游戏。

在绝大多数的情况下,将完成前两个步骤所需的时间加起来,通常还比第三个步骤少很多,而且许多人在第三个步骤进行到一半时,就忘了数到哪里,必须从头来过,甚至打退堂鼓。

我在完成这个活动之后,经常询问学员的体验。大多数学员都表示在进行步骤三的时候,因为要同时兼顾多件事情,所以往往会感觉到:

①更紧张、更有压力。

②出错的概率提高许多。

③需要花更多时间与心力重新完成任务(甚至想要放弃)。

假如只是简单的配对游戏都可以让我们如此耗能,更遑论在职场、生活、人际关系中,有好多事情都仰赖复杂的思绪处理。

过度追求效率,反而失去更多重要的东西

深受全球观众喜爱的影视平台网飞(Netflix)从大数据中发现,多数用户在下班之后,手上的遥控器只是在许多戏剧与电影剧照上跳动,看了几十秒的剧情简介,却无法决定要观赏哪一部作品。他们可能犹豫:真的要看这一部吗?这部电影值得我花一个多小时观赏吗?会不会浪费时间?会不会很花力气?看了这部是不是就没时间看下一部?

想着想着，一整个晚上宝贵的时光就这么过去了。最后你筋疲力尽地关掉电视机，却没有享受到任何观看电视的乐趣。

假如你在吃饭、旅行的时候总是忙着打卡拍照上传，并且殷切地关注帖文点赞数与留言，你可能会错过沿途许多美丽的风景，错过食物最佳的品尝时间，也品尝不出餐点细致的风味。

假如与家人相处时总是想着还未完成的工作，与孩子聊天时总是满脑子催促他去洗澡、写作业，希望他努力读书拿到好成绩，也会错失专心陪伴彼此、与彼此共处的珍贵时光。

多任务处理模式还会引发拖延的问题。因为同时想处理太多事情，导致心里有莫大的压力。为了逃避这种压力，于是把时间用来处理不相关的事情，或是干脆追剧、聊天，结果明明可以妥善处理的事因为拖延而不断堆积，到最后变得不可收拾。

表面上你好像同时处理很多事，实际上却虚度了许多时间，没能好好体验生活，甚至错过生命中重要的时光。当我们过度追求效率的同时，无形中失去的东西更多。

慢不下来，往往与内在焦虑有关

你可能习惯一次带很多本书出门（或进厕所），但是实际上，你一次只能阅读一本书。

面对堆积如山的工作，你或许想要火力全开、一次同时处理多件事情，但是实际上，你一次还是只能处理一件事。

"假如只带这一本书,就会错过另一本书""如果只做这件事,就处理不了另一件事"的思考模式,通常是内在的焦虑作祟。担心事情做不完、担心事情做不好,自然就会萌生想要一次把事情都解决的念头。但越是这样,心理负担就越大,排山倒海而来的压力,不仅无助于你的工作,甚至还会对身心健康造成负面的影响。

想要把工作完成的动机很好,但想要同时把所有事情迅速处理完毕的念头却不太实际。

面对这种状况,有一个简单的应对策略——列出待办事项列表。你可以试着:

①静下心,将待办的事项一一列出来。

②依据事项的重要或紧急程度顺序排列。

③一次专注地完成一件事之后,再接续处理下一件事情。

人们通常不怕忙,而是怕混乱,尤其是在忙碌之中突如其来的各种插曲,都可能会让你的理智线断裂,觉得心累。一旦你清楚列出待办事项,大脑就不需要耗费额外的力气不断地提醒自己该做的事情;当你排出执行顺序,就能获得秩序感,也让自己感到比较轻松。

一开始培养这个习惯的确需要花一些时间,但经常做这个练习,你会深刻体会到它省时省力又能减少出错。

第 3 章　忙碌成瘾

压力是一种选择,你相信吗?

在绝大多数的脊椎动物身上,都有一套压力反应系统,这是生物在漫长演化过程中形成的重要机制,目的是帮助我们处理危机,并且在艰难的环境中存活下来。

想象你生活在原始的草原上,眼前突然出现一头饥肠辘辘的猛兽;你辛苦跟踪了好几天的猎物即将被其他插队的野兽抢走;你所居住的山洞因为地震开始崩塌……我们内在的压力反应系统就会以迅雷不及掩耳的速度启动一系列生理反应,像是心跳加快、肌肉紧绷(进入备战状态)、减少肠胃蠕动(此时不是消化和享用美食的好时机)、睡意全消(是活命重要还是睡觉重要?)。

这时候,你不是奋力消灭眼前危机,就是拔腿狂奔、逃离险境。这就是著名的战斗或逃跑反应。

等到危机解除之后,压力反应系统就会冷静下来,心跳随之缓和,肌肉逐渐放松,胃口恢复(觉得肚子饿,想要来一点好吃的东西)。如果可以的话,吃饱饭后再好好睡上一觉就更棒了。

十几万年前的草原上有各种致命危险,像是各种趁你不注意来侵占地盘的生物、隐身在草丛想把你抓来果腹的猛兽、禁不起地震而崩塌的山洞……不过你可能会想,那毕竟都是远古时代的事情了,现在你下班后走到地铁站前,要被狮子吃掉或被突如其来的海啸淹没的概率,绝对比中乐透头奖还要低。

照理来说,现代人的压力反应系统应该会游手好闲,甚至没有存在的必要了,对吗?

现代化的步调,正是压力的主要来源

很可惜,事实与我们所想的正好相反。现代人的生活,有更多"危机"环绕在我们的周遭。

现代人的危机是什么呢?

● 经济上,堆积如山的账单与绵绵无期的贷款。

● 职场上,每天都处理不完的突发事件与大量工作。

● 养育上,来自各方专家大量的养育建议、频繁改变的考试制度和学习模式、孩子的健康问题。

● 学习上,写不完的考卷与永无止境的升学考试、竞争。

● 人际上,台面上与台面下的各种比较、尔虞我诈的互动。

为了避免被这些危机淹没,我们花更多时间与精力工作、赚钱、养育孩子,所以,我们的生活越来越用力,也越来越难放松。

压力反应系统是用来应对短期的压力事件的,一般而言,危机事件解除以后,压力反应系统也会跟着缓和,生理机制重新回归稳定的状态。

但是现代生活中大大小小、持续不断的危机事件,让我们的压力反应系统长时间处在活跃状态。持续分泌的压力激素影响各种生理机制的运作,破坏我们的作息、健康,一旦作息与健康受影响,又会影响我们工作的情绪与效率。情绪影响工作,工作影响情绪,从而形成充满压力的循环。

假如你能有意识地提醒自己:嘿!我最近太疲累了,要试着调整工作方式,并且找时间好好休息。就有机会停下这种恶性循环。

但是,问题往往就出在这里,"休息很重要"时常沦为一种口号。事实上,我们经常否定自己休息的需求,不允许自己有休息的念头。

我看过很多人(尤其是男性)聚在一起聊起工作,总会惯性叹气。"哎呀没办法,最近越来越忙了。"面对升迁、更多发展的机会,所以工作量增加、责任更重……虽然嘴巴喊着忙死了、累死了,心里却洋溢着满足、成就感,甚至还有一股胜过他人的优越感。如此一来,忙碌就成了一种获取成就或价值的手段。

并不是说从工作中获得成就感是错的,但是当你将忙碌作为(甚至依赖)获取成就感的唯一来源,或者借由工作来逃避其他事情时,你有极大的概率让忙碌成为一种瘾,从此将压力牢牢扛在身上。

你根本就不习惯放松

许多人是因为长期焦虑而累积的压力来寻求心理咨询,当我提醒他要放慢工作与生活的步调时,总是双手一摊说:"没办法,工作(生活)就是这样。"仿佛他对这种忙碌的生活虽不满意,却也无可奈何。

事实上,人们经常忽略了:你不是真的没有办法做出任何调整,而是没有觉察到,自己习惯将放松的重要性排在最后面。

当然,所有的工作都完成了,可以坐下来悠闲地喝杯咖啡,或者来一趟观光旅游,都很令人向往,但是真正的放松不是一定要有完整的时段出国旅游、购物、做瑜伽……让你长时间处于紧绷、难以放松的原因,并不只是工作太多或假期太少,而是你根本就不习惯放松。

一个内在紧绷、焦虑的人,即使好不容易出国旅游、与家人或好友聚餐,也不见得能感到放松,因为长久以来,他并没有学会放松这件事。

无法放松的原因包括:

● 被动等待休假到来:总觉得要等事情都做完才能放松。问题是,事情怎么会有做完的一天呢?职场、家庭,乃至于各种突发状况充斥着我们的生活。被动等待休假到来的人经常处在过劳与无力的状态,因为他们从不觉得(或没发现)休息与放松是可以主动为自己安排的。

●总觉得做得还不够多:就算手边的事情都告一段落了,内心总是焦虑还有什么事情没有做?是不是忽略掉什么?所以,你会开始为自己找事情做。不是你真的喜欢这么忙碌,是因为找事情做才能帮助你减缓焦虑。但很吊诡的是,当你为自己找到更多事情做的时候,又同时增加了压力。

●总觉得做得还不够好:被"好还要更好"魔咒绑架的人,总是忽略自己的努力与好表现,用力找出自己做得不够好的蛛丝马迹(即使根本没有人挑剔),他们的力气经常耗费在自责与自我怀疑上。即使偶尔为自己的成果喝彩,但那种正向的感觉总是很短暂。为了降低觉得自己不够好的焦虑,他们会花更多时间求表现,换来的往往就是过度疲惫。

忙里偷闲,主动创造放松时刻

很多年前,知名的饮料大厂在速溶咖啡的广告中,打响了一句经典台词:"再忙,也要和你喝一杯咖啡。"意思是这种新产品会让咖啡时间变得更简单轻松,随时随地都能进行。这一句话也适用于忙碌的现代人。

不是所有人都能在疲累(或者心累)的时候,就不顾一切地离职,或是请长假来一段远离尘嚣的长途旅行。重点不是殷殷期盼我什么时候才有完整的假期可以放松？而是我如何在当下创造一些放松的空间？

事实上，只要你愿意，此刻就可以为自己创造一些放松时刻：

●放下手边的书、手机，把注意力放在鼻子上，放松地做几下深呼吸。(你是否经常因为紧绷而憋气？)

●专注地拿起手边的杯子，带着觉知缓缓地喝几口茶。(你是否一整天都忘了要补充水分？)

●起身走走路，上个厕所。(你是否常因为忙碌而不自觉憋尿？)

●移动视线，欣赏一下周围的环境。(你是否太过专注在工作上，忽略了办公室里多了一株小盆栽或上班途中多了一间漂亮的咖啡店？)

这些行动只需要短短几分钟甚至几秒钟，但是当你完成这些简单的动作，再次回到原本进行的工作时，会发现头脑变得清醒许多，也更专注了。

假如你的脑袋又开始播放许多对自己严厉、刻薄的语言时，也可以刻意练习按下暂停键，换另一个频道跟自己这样说：

●等一下！你现在对自己说的话太严格啦！

●你某些时刻表现得很好,所以并不是"一直都很糟"。

●你不需要成为最优秀的那一个人,你只需要成为优秀的那一群人。

●你可以对某件事感到挫折,但不需要自责。

●犯错是学习旅途中必然的风景,你正往成长的道路前进。

在生活中随时随地、主动为自己创造放松的片段,日复一日、年复一年,不仅累积许许多多滋养自己的时刻,你也会逐渐改变过往那种被动等待假日才能放松的习惯,改变那些压得自己喘不过气的惯性心态。

假如你经常觉得生活忙乱、一刻不得闲,经常把时间用来照顾别人,却总是没有时间好好照顾自己,那么,从现在开始,请你记得常常问自己:

"此时此刻,我如何帮助自己放松一些呢?"

第4章　懈怠恐惧

　　假如你认为自己不属于前一章提到的忙碌成瘾，对于追求各种成就没有太大的兴趣，也不太热衷于向别人证明自己的工作能力，但是在生活、职场、各种人际关系中依旧难以放松，时常感到压力满载，那么你可能是属于这一章要提到的状况——懈怠恐惧。

无法放松的一群人

　　有懈怠恐惧的人，疲惫的时候虽然理智上也想放松，实际上却总是不允许自己停下忙碌的脚步。即使手边根本就没有事情要忙，或者好不容易在处理完所有工作后才盼到睽违已久的假期，却依旧睡得不安稳、早早醒来，总觉得必须找点事情做。万一找不到事情可以忙，就会莫名感到焦虑。

　　而且这一份焦虑像是内建自动导航功能，经常使人无意识地漫游到书桌前，打开计算机，在工作相关的文件夹之间点来点去。

　　他们的脑袋无法停止思考与工作有关的事情，内心总是担忧：要是我现在放松了，会不会有工作做不好？我会不会漏掉了什么部分还没有处理？需不需要预先为下一个阶段准备些什么？

　　他们完全忽略了自己已经好久没有休息，或者根本忘了休息到底是什么感觉。他们无疑是公司和老板最爱的一群人,因为他们从不轻易喊累,也不会争取休息的权利。但是这种性格对于一个人的身心健康显然是极大的负担。

关于放松,他们焦虑的是……

相较于忙碌上瘾的人总是关注在自身表现与绩效上,对绝大多数的懈怠恐惧者而言,他们关注的焦点则是他人与掌控感。他们害怕自己一旦松懈了,就会对别人造成负面影响或把事情搞砸,像是:害他人进度落后、拖累整个团队的业绩、害同事被主管或客户责难……

1.担心拖累别人

我有一位好朋友,每次提到她,我的脑袋里都会浮现一个问题:这个人到底有没有在睡觉?

无论对方什么时候传来信息,她几乎都会在几秒钟内读取并迅速地简要回复,然后在短时间内进一步提供给对方更详细的答复。即使是非上班时间,她也会立刻响应"好,等我进办公室后立刻回复你"。除此之外,公司需要支持的时候,就算是假日她也几乎全天候待命。

有几次与她聊到这个情况,她说她当然也知道休息的重要性,这几年来因为过度的疲劳,身体早已陆陆续续出现许多状况。就连主管和同事都看不下去,时不时就提醒她去休假,但她似乎很难改掉这个形成已久的习惯。

"就算是放假，我也没办法理所当然地休息。"她说："许多事情都跟我有关，万一我没有第一时间回复或处理，就会拖累其他人的进度。"

对她而言，放松会造成他人困扰、团队进度落后，她认为这样的人是很自私的。她不喜欢成为别人眼中自私的人，所以她无法允许自己休息。

2.缺乏安全感

你身边是否有一种人，对每件事情都要求高度掌控，倾向为他人做安排，而且不允许事情有意料之外的发展呢？

对于每件事都必须亲力亲为的人，他们的内心总是焦虑着：万一事情不是由自己亲自处理的话，很可能会出问题。为了确保每一个环节都能够精准无误，最好的方式就是每一件事情、每一个细节都由自己来确认、执行。

当一个人习惯性竭尽所能确保事情能如自己所想的发展，他的内在是很缺乏安全感的：害怕事情会脱轨、失控，因此必须投入大量的心力来避免各种意外发生的可能。当内在越没有安全感，表现于外的行为就会更加需要掌控。

但是，"计划赶不上变化，变化赶不上主管突如其来的一句话"。世界上唯一不变的真理，就是事情随时都在改变。倘若无法接受生命中有任何意外，不仅会让自己时时生活在焦虑与担心当中，也会逐渐失去应对突发状况的弹性。

内在的不安全感不止局限在工作中，也会延伸到亲密关系、亲子养育，乃至于生活中的大事小情，这种行为经常会以爱为名而行控制之实。假使一个人将内在的不安全感化为关系中的控制，接下来的剧情你一定不陌生：他会以各种我都是为了你好为理由，为你做决定，期待你能达到他的期待。

这种控制的行为会让对方感到被侵犯，引发关系中的冲突，但实际上，他只是要安顿内在对于失控的焦虑。假如没有觉察自己内在的心理历程，他们还可能觉得自己好心没好报、吃力不讨好，为此感到非常委屈，明明就努力为对方做了很多事情，为何对方不愿领情？

3. 内在的罪恶感

还有一群人，他们经常存在一股挥之不去的罪恶感，总觉得别人还在忙，我如果先去休息是不是很糟糕呢？

想想看，你在职场上是否也有类似的状况？明明已经到了午休或下班时间，假使没有人去吃饭、没有人先起身离开办公室，就算已经饥肠辘辘或有其他活动安排，你也不太好意思停止手边的工作。虽然你分内的事情都完成了，却只好继续找点事情做，同时紧盯着时间，祈祷赶紧有人先当领头羊离开办公室，或是希望主管可以大发慈悲，吆喝大家赶紧下班去休息。

这些人表面上看起来配合度极高、不太抱怨，但内在的困境很可能是不敢随意表达真实的需求。他们担心表达需求会引来指责、冲突,因此内心经常处在"说,还是不说?"的拉扯间。

不难想象,在大多数的情况下,他们会选择压抑表达需求或情绪的冲动,但长时间下来,他们逐渐忽视自己有表达需求的权利,变得越来越不习惯表达,直到某一天真的忍不住,压抑许久的委屈与不满终于一次性爆发,但周围的人却显得难以理解,认为他没事为何突然如此情绪化?是吃错药了吗?

懈怠与放松是两回事

懈怠与放松,在程度上是完完全全不同的两件事。

有懈怠恐惧症的人经常忽略了一件事:你只是在忙碌的生活中暂时放松一下,而这种放松对任何人都是维持健康、纾解压力不可或缺的元素。

为何我们会把放松当成懈怠呢?这种现象通常与个人在成长过程中遭受严厉的要求、被比较有关。好比说:

● 你排行老大,务必做好的榜样给弟妹看,也要帮忙分担父母的辛劳。

● 你花了家里不少学费,希望你能比别人更努力,不要轻易喊累。

● 比你成绩好／能力强的人都还在坚持,你有什么理由说要休息?

●别人不想做的你千万不要嫌弃,多做一点才有机会被老板看见。

●人家好不容易才给你机会,要是没能好好把握住会被人看笑话。

你知道为什么这几句话听在耳里让人觉得难受吗?因为这些语言都有一个共同点:忽略你的特质与需求。你是谁、你需要什么、累不累、辛不辛苦都不重要,重要的是你一旦放松,就会远远落后于别人、会拖累别人、会让别人失望。

倘若说这些话的人是对你来说很重要的人,你就更可能对这些语言深信不疑,把它们当成苦口的良药,用力吞下肚。听久了、习惯了,你就会在不知不觉间把他人的语言捡起来要求自己,甚至执行得更严苛、更不留情面。殊不知,当你内化了这些犹如利刃的语言之后,也同时划伤了自己的价值,否定了放松的需求。

我与这类型的朋友谈话时,经常从他们的言语和行为中感受到对自己的严厉要求:"比起别人,我这种程度根本不算什么,也不需要休息吧?""我其实好想休息,这样的我是不是很没用呢?"每次听到这些响应,我都觉得对方好像不认为自己是一个需要被善待的人,也因此觉得很心疼。

说真的,你累或不累、该不该放松,为什么需要与别人做比较,需要取得他人的允许呢?就算是手机用到快没电,我们也会适时帮它充电,或者调整为省电模式,关闭不必要的手机应用减缓耗电量。这么做的目的是什么？不就是为了避免因为电力耗尽造成电池损坏,并且让它重新拥有正常运作的充足电量吗？

假如面对一部用了几年就可以换新的手机都如此用心,为什么对于无法重来的生命,我们不能用同样的态度来呵护、善待自己呢？难道我们的健康比不上一部手机的价值吗？

适度的放松不是罪,不允许自己放松才是造成身心失衡的最大凶手。

第5章　用脑过度的生活

阿凯早上出门前有些不开心,所以故意摆了脸色,没想到太太视若无睹地出门上班。他觉得很不舒服,发了条信息给对方,想试探她的反应。阿凯看到信息一直躺在对话框,久久没收到响应,与此同时,他的内心有一出剧情正悄悄上演:

她是否在做一些不想让我知道的事情? 她知不知道我早上有些不开心? 她是不是故意不读信息? 她怎么可以这么不尊重我? 难道是我做错了什么? 既然不开心为什么不直接告诉我,要让我这么痛苦?

不知不觉间,负面情绪就上来了。情绪一上来,也连带引发身体不舒服的反应与感受。不舒服的情绪与感受越来越明显,又启动更多负向思考。

过一会儿,太太终于回信息了:"亲爱的,抱歉,我刚刚在开会。我早上感觉你有些不舒服,但不知道该怎么问比较好。你还好吗? 下班后我陪你去吃点东西、聊聊天,好吗?"

看到信息,阿凯心里的不舒服瞬间烟消云散,整个人都释怀了。

不过,在放松的背后又跟随着一些烦恼:其实打从一开始,他隐约知道刚刚的负面情绪可能与事实无关,只是内心小剧场在作祟,而这个剧场的导演不是别人，就是他自己，因为这个情况已经发生过好几次。让他烦恼的是，即使已经觉察到这种情况了，却还是停不下脑袋里的思绪，抑制不了负面情绪。到底该怎么办？

每一次，当我们抱怨压力很大、心很累、烦闷或忧郁的时候，其实所有的焦点都指向同一个部位，那就是我们的大脑。

这一颗体积差不多一个成人拳头大、重量大约只有我们体重百分之二的大脑，每天耗费约全身百分之二十的氧气与能量。拥有超过一千亿个神经细胞的大脑，集结了无数重要的功能，其中最不可思议的，就是人类优异的复杂思考能力——能够解决不少问题，但是……也为你带来数不尽的烦恼。

虽然我们难以感受到大脑的感受（你有听谁说过大脑很疲惫或很酸痛吗？），但是与身体其他部位一样，假如我们经常让大脑处在过劳的状态，就会造成负面影响。那么，我们是如何过度使用大脑的呢？

想象出来的痛苦

假如你经常对邻居家的小狗恶作剧（只是举例，相信你不会这么做），小狗会把你和"不舒服"这三个字连接在一起，未来只要看到你或听到你的车子引擎声，它就会尽量避开你，以免遭殃。不过，它的作息并不会因此有什么改变，当你没有出现在它眼前的时候，它还是开开心心地吃肉、睡觉，生活过得自在又惬意。

但若两者对调,情况就大不相同了。

假使你曾经被邻居的小狗咬过,明明是只聪明可爱的黄金猎犬,看在你的眼里就像是一头面貌丑陋的地狱恶犬。你的脑袋不时会浮现各种对这只狗的怨恨与诅咒,可能连带觉得它的主人不明事理、缺乏公德心,甚至时不时就抱怨为什么会跟这种人当邻居。每一次当你"想"起这件事,都会像是亲临现场般地怒不可遏。但这时候,小狗和邻居根本不在你附近,他们正悠哉地散步、吃点心(想到这里是不是更气了?),那么你的怒气究竟是因何而起?

这就是想象出来的痛苦,这种痛苦不是因为实际事件引发,而是经由大脑的想象而产生。可能是基于过往的负面经验,也可能是对未来的担忧。

想象出来的痛苦具备三种破坏力:

●重温痛苦:令人难受的事情可能仅仅发生过一次,又或许好几次,但你的脑中时不时会想起这些事。想起多少次,就等于再次经历这种痛苦多少次。在这种情况下,我们经由想象产生的痛苦感受,远比事件本身带给我们的还要多更多。

●负向预期:你会在心里重复催眠自己——假如再遇到这件事或这个人,肯定又会以糟糕的结局收场。最典型的例子就是想到明天要跟某客户开会、下星期一要上班,或者即将到来的农历春节……光是对未来抱持着负向的预期,就会让此刻的你心烦意乱。也包括你还没回到家,就已经开始想象邻居家的狗龇牙咧嘴等着咬你的凶狠模样。

●无限延伸:脑袋里一旦产生某个想法,就如同水滴掉落的湖面,泛起阵阵涟漪。当你想起某个人,就会连带想起某些事,接着又想起与这些事有关的其他人、事、物,想到后来其实已经与最初浮现脑海的事情毫无关联,但专注力却如同脱缰的马群,早已四处奔窜,收不回来。

假设你经常处于不在场的痛苦里,就等于频繁地把自己暴露在用脑过度的风险中。不在场的痛苦不仅是一种对自己反复的折磨,也连带影响你的行为反应:假使与人互动时,你经常带着负面情绪,预期对方会伤害你,你很可能会不自觉地过度防卫、与别人保持距离,甚至采取先发制人的攻势,那么每一次的互动,都将是不愉快的经验。

连吃饭都让人觉得心累

你发现了吗?有时候就连吃东西这件事,我们也经常处在用脑过度的状态。

"什么?这一小盘姜丝炒大肠居然要卖三百元?也太坑人了吧!"看到菜端上桌的瞬间,你的脑袋自动产出一个评价,连带引发不满的情绪。

"这一盘的摆饰比较漂亮，分量也不少，性价比高一点。"这也是脑袋制造出来的评价。

有些人面对桌上的剩菜内心总是一番交战：假如没有把饭菜吃完，似乎很浪费。"浪费"是大脑主观的评价，而这种评价会连带引发自责、愧疚的情绪，或者指责别人的行为。我听过有些人因为极度无法接受浪费，所以在用餐的尾声会硬性将桌上剩余的饭菜分配给每个人，要他们努力吃完，结果弄得大家压力很大。

在肚子很撑的情况下硬是吃完剩下的饭菜，你会觉得身体很难受；倘若你选择不吃完这些剩余的菜肴，又会感觉到自责、过意不去。在这种情况下，无论最后你是否吃完剩余的饭菜，情绪都是不舒服的。

就连"煮太多"也常是情绪性的问题，与烹饪技术无关。虽然每一餐要精准拿捏分量不容易，但很多时候煮饭的人因为担心吃不饱，在备料的时候会忍不住多买一些、多煮一些。(这种现象，是否也与你买宵夜的时候很像呢？)

有人因为想要减肥，虽然肚子很饿，却严格规定自己只能吃一点点东西(而且都是自己不喜欢的食物)，于是，吃饭变成斤斤计较的苦差事。由于饿得要死却又不能吃东西真的很难受，过不了多久，报复式进食就会像洪水般席卷而来。

像这样，无论是点餐、吃饭、煮饭，我们都是依循大脑思考的惯性，而不是取决于当下实际的状况。而类似这样的状况不仅局限于吃饭,还包括日常生活大大小小的行动。

每一次当你的注意力被大脑主宰时,就会产生复杂的情绪,本来该是放松享受的用餐体验,不仅没有被美食滋养,反而觉得很耗能。其实,当你刻意放慢用餐速度,专注在咀嚼的动作上,与家人聊一聊轻松的话题,自然会因为血糖与胰岛素的变化而产生饱足感,并且停止进食的动作。因此你根本不需要用脑袋思考要吃多少东西,你只需要放慢速度,身体自然就会响应你最适当的答案。

长期过度用脑的伤害

假如我们经常让大脑处在这种高度运转、放任注意力毫无节制地分散在无数的事情上,长时间下来,对我们的身心都是有害的。

1. 占据心的带宽

以家庭网络的带宽来举例。在一个家庭里,假如有几个人总是大量下载文件,观看高画质的影音节目,就会占据大部分的带宽,等你想要处理重要的工作、进行网络会议或在线课程时,使用起来就会卡顿。

任由注意力飘散,让思绪随着意念四处纷飞,就像是让各种噪声占据心的带宽,阻碍你专注在当下该专心处理的事情上。在这种情况下,你会感到心烦意乱,连带降低对情绪的涵容程度;你会因此让情绪更容易失控,做出错误的判断。

在工作中,为了确保能够精准响应成员的问题,我通常会请对方一次只问一个问题,等我回答完了,再提出下一个问题。塞车时,我会将注意力拉回到身体的感受上,避免因为心的烦躁而影响开车的情绪与判断力。念书或写作时,我会将所有干扰注意力的东西放在房间外面,让心能够全然投注在阅读与书写上。

这么做的目的只有一个:清空不需要的干扰,释放心的带宽。

2.身心分离

无论是肚子感到饥饿或饱足、肌肉紧绷或放松、觉得疲惫或想睡,身体都会释放出各种信息,提醒我们做出相对应的行动。倘若当下能够细细倾听身体的信息,并且适时适度满足身体的需求,身心就能处在高度一致的状态,有助于维持健康。

那么,假如身心分离、各自为政,又会是什么情形呢?

好比说,长期忽略饥饿的感受,因为各种理由摄取超出身体负荷的食物,缺乏适当的情绪出口而滥用药物,眼睛明明累了却还是继续滑手机……长时间下来,身体当然不堪重负。

还有另一种身心分离的状况:当一个人在成长过程中遭受某些创伤,身体因而牢牢记得不安全、恐惧的感受,长大以后虽然不再遇到伤害自己的人,但只要有一点点刺激(甚至是无害的刺激),身体依旧会做出面对危险的惯性反应(例如躲起来、逃跑、情绪失控)。这种小时候原本用来保护自己的反应,长大后却可能让自己无法建立起亲密关系,妨碍工作与生活。在这种情况下,身体因为创伤经验过度反应,心却失去提醒或安抚的作用。

假使我们能够适时觉察到今非昔比,并且试着这样安抚自己:亲爱的,没事的。你已经长大了,不会再遇到以前那些危险。你可以放松一点,真的没事的。你就有机会缓和过度惊恐的反应,适时安抚内在的情绪,从焦虑与恐惧当中走出来。

第6章 "比较"的负面效应

我们感受不到幸福,是因为我们追求的不是幸福,而是比别人幸福。

陈家老父亲早早就将名下仅有的两块土地分别赠予两个儿子。

老大分到村子里的精华地段,他在这块地上盖房子自住。母亲过世以后,他就把长年生病的父亲接来照顾,直到父亲过世。老二分到了村子外围荒废许久的农地,农地上有一间年久失修的小房子,他长年在国外工作,没时间回来整理,任由杂草丛生。兄弟二人对父亲的安排都没有意见,彼此保持密切的联系,感情也挺融洽,直到有一些声音传到两人耳中。

"你哥哥分到的地段很值钱,他照顾父亲不过几年而已,该付给他的劳务费用没有那么多吧?""你弟这么会赚钱,又不住在国内,你这么孝顺父亲,怎么没有两块地都分给你?""你知道你父亲给你弟弟多少钱去国外念书吗?"随着种种耳语出现,两兄弟开始对彼此有一些负面情绪,互动变少了,感情也越来越疏离。

有一次,两人在整理父亲遗物时,无意间发现一沓厚厚的信纸,上头尽是父亲对去世多年的母亲的想念。其中一张泛黄的信纸上,父亲工整而优雅的字体写着:

亲爱的,我也来到了分家产的阶段,这是不是也代表着我又离你更近了一些呢?

我们家老大敦厚老实,我想给他市区的地,让他不用费心生计,能好好生活。老二很有想法,这几年已闯出一番事业。耕地分给他,未来想怎么用就怎么用。老婆,你还记得农地上那一间小房子吗? 那是咱的起家厝,这些年陆续有人向我开价,我都忍着没卖。那里有好多你陪伴我们的回忆,我怎么舍得卖? 希望这个长年在外辛苦奔波的孩子回家时,还能感受到我们对他的爱。

老婆,我的智慧远不及你,不管如何分配都觉得不够公平,好希望你还在我身边,教教我怎么做。

读完那一封信,兄弟二人在父亲的房间敞开心扉,聊了好多。

后来,哥哥主动花了一番工夫将耕地上的小房子整理干净,让弟弟回国时有一个舒服的地方可以休息,弟弟则自愿将耕地让给哥哥做其他用途。

“比较”像是一把利刃

我们都不喜欢被别人比较,却又经常拿自己去做比较。

有时候是跟别人比,有时候是与自己心中某种理想的目标比。

无论与谁比较,你都注定是输家。因为只要有比较,就注定会有失去,也会有人受伤。

　　●当你努力的成果被拿去与别人比较时,就失去了学习的热情。
　　●当你经常被别人拿去跟别人比较时,就会逐渐失去自我价值。
　　●当你拿自己与更高收入的人比较时,就丧失对现阶段生活的满足。
　　●当你拿自己与某个人的特质比较时,就失去了欣赏自己的能力。
　　●当你拿现在与过去或未来作比较时,就失去了活在当下的专注力。

　　无论哪一种比较,都会让你觉得"别人"或"外在"是美好的,相较之下,也觉得"自己"或"当下"不够好。这种感觉当然是主观的,不等于实际的情况,是因你选择关注的焦点使然。

　　除此之外,这些比较都会给人带来挫折感,进而引发内在深层的自卑,觉得自己不好、不如人。这也是为什么当我们被父母、伴侣或亲密的朋友拿去与别人做比较时,很容易理智线断裂,感到既生气又受伤。即使你根本无从得知,被拿来与你比较的那些家伙是不是真的这么优秀,但这不是你在意的重点,重点是你的价值被否定了,而且否定你的还是你最亲密、最渴望从他们身上获得肯定的人,你怎么会不受伤呢?

就算是那些被我们拿来跟自己做比较的对象,你也不见得真的了解他。你往往只是选择性地关注想关注的那一面,却没有看见他在其他面向上也有辛苦与无能为力的地方。而在这些面向上,或许你其实比他幸福或自在许多。

所以我常开玩笑说,你想破坏谁与某人的关系吗?想要瓦解一个人的自信心吗?最轻松的方式就是随时随地拿他与别人作比较。即使你只是随意凭空杜撰几个根本不存在的优秀人物,都能有效让对方感到受伤(假如你爱对方,请千万别这么做)。

越是用力,就越无力

让我们来破解一个迷思:透过比较,是否真的能够让一个人奋发图强?

虽然,见贤思齐的念头或许会让你激发一些改变的动力,好比说:看见别人轻轻松松穿上修身又美丽的裙子,会让你果决地扔掉冰箱里心心念念的千层蛋糕;见到别人风光上台领奖,会让你想要每天多花一个小时在书桌前念书;看到朋友在社交平台上分享新入手的豪华进口房车时,会提醒自己要更努力工作与钻研投资。

听起来,跟别人比较好像真的会让自己长出前进的动力,不过这种行为同时也夹带着一股极为强大（却不容易被觉察）的负面效应：你关注的不只是他人靓丽的样貌，也见到自己不如他人的那一面。每一次与人比较，就会让你感受到自己的不堪。为了摆脱这种不如人的感觉，你将会不停地与他人做比较。每当你超越了一个人，就必须再找到另一个要比较的对象，并且努力地超越他，这是一个难以停下来的循环。

假使不跟人比较，你根本无法找到自己的价值。而你在这种不断与他人比较与超越别人的过程中，需要付出的代价就是：你会越来越不喜欢自己，与自己变得更疏离。因为你的焦点永远关注在别人而不是自己身上。

只要你将焦点放在他人身上，就有比较不完的对象。你会把生活过得像是追逐自己的影子，无论白天还是黑夜，你用力追逐着自己的影子到处跑。无论跑得多么用力，影子永远都在你看得到却触及不到的地方。你的生命感受不到满足，而是没有尽头的疲惫与无力。

有些人终其一生活在充满比较的生活里，一辈子不曾将焦点好好放在自己身上，当然也不曾为自己而活。许多人从小就活在大人的各种比较当中，孩子很单纯，总以为让父母满意才等于孝顺，才能获得父母的认同与疼爱，赢了别人，就等于是一个有价值的人；输给别人，就觉得自己什么都不是。所以慢慢地，他们的自己不见了。

从短期的效果来说，当我们感觉到自己不如人时，内在的确会产生一些动力想要来弥补这种匮乏感。可是当一个人长时间处在没有价值感、觉得自己没用、不管做什么都被否定的环境中，他将会失去希望，失去行动的勇气与力量。

想要停止这种循环，必须把焦点从他人身上移开，不是想着我想超越谁，而是学习思考什么生活是自己真正想要的，将一直以来努力追逐他人的力气用来鼓励自己走向想要前往的地方。

找回欣赏与珍惜的能力

前文故事中的那一位弟弟，其实是我的大学好友。

他说，无论父亲多么用心，都不能否定两兄弟分到的土地市值的确差异极大，当然你也可以继续追究父亲为何不妥善投资、变卖农地去买更保值的地段。不过，他说两人读完父亲的信之后之所以能够修复关系，是因为他们都发现了比较这件事，如何让他们忽视了父亲的爱与用心，也破坏了兄弟俩原本融洽的情感。

其实，这世界本来就没有所谓的公平。我们出生在不同的家庭，拥有不同的特质与能力、不同的喜好与兴趣、不同的外表与气质，所以差异是必然的。我们应该在差异中找到自己，而不是失去自己。

在不公平的环境中，比较是一件没有实质意义的事情。我们根本不需要比较，因为我们不需要成为某一个谁。

我曾遇到过许多成年人（当中不乏事业有成的人），因为长年被比较的关系,他们经常不知道自己是谁,找不到存在的价值,遍寻不到活着的意义。

假如你从小就遭受许多被比较的压力,相信你肯定不太好受,有时候甚至觉得自己是一个没有价值、总是让大人失望的孩子。可是我想要跟你说:假如大人懂得欣赏你,他们绝对不会拿你去和别人做比较。因为你是如此独一无二的个体,你有你的温柔,也有你的固执;你有你的善良,也有你的小聪明;你有你擅长的,当然也会有你做不到的。这就是你本来的样子。

所以请你一定要时时提醒自己:你就是你,无关乎好或不好,也不需要谁来衬托。你不需要用谁的标准来衡量自己,而是如实地接纳最真实的自己。

●我的成绩、收入或许不及某一个大家认为厉害的人,但这就是我。
●我的性格、嗜好或许与大家认为的优秀不同,但这就是我。
●我的穿搭、眼光或许与大家认为的潮流不同,但这就是我。
●我的性格或许与大家认为的落落大方不同,但依旧还是我。

你不需要费力改造自己,让自己变成别人期待的样子,而是要学习欣赏自己、如实接纳自己本来的样子,并且带着天生的能力与特质,努力探寻并经营适合自己的生活。

第7章 压力需要适当的出口

刚开始从事心理咨询时,凡是遇到与焦虑、忧郁相关症状的来访者时,我都会习惯性地先问对方:"你最近压力大吗?"得到的答案出乎我预料,大多数人是回答"不会啊""还好吧""没什么感觉"。我很难将他们的响应与明显疲惫不堪、缺乏活力的外表联结起来。

当时我总觉得:嗯!他们正处在抗拒与防卫的状态,还没有准备好要敞开心扉讨论他们内在的压力。

压力会引发各种身心症状

不过后来我才发现,有些人不一定是防卫或抗拒,也可能是因为他们根本没有觉察到自己处在压力当中。

人怎么会连自己有没有压力都不知道呢?

别怀疑,这是非常有可能的。压力大多会直接体现在生理反应与身体感受上,假如我们平常不太习惯留意身体的感受,很可能会忽略掉身体传来的种种信息,并且自我催眠说:"压力? 我活得好好的,哪有什么压力?"

你不去留意的事情不代表不存在,特别是长时间累积的压力会引发许许多多身心症状。请你勾选一下自己近期是否有这些现象:

□ 无论做什么事情，都觉得意兴阑珊、缺乏动力。

□ 健忘、注意力不集中，容易出错。

□ 经常觉得头痛、头晕。

□ 对什么事情都看不顺眼，容易生气。

□ 经常无故感到情绪忧郁、低落。

□ 即使睡了很久，依旧没有精神饱满的感觉。

□ 难以入睡，多梦而且浅眠。

□ 肩膀僵硬，容易感到腰酸背痛。

□ 大大小小的感冒接连不断，而且不容易痊愈。

□ 经常便秘或腹泻，却找不到生理原因。

假如你符合其中几项，就代表压力已经对你的身心造成某些影响。勾选的项目越多，也意味着压力影响你的程度越大。倘若你没有觉察到这些症状，当然就不会特地调整生活的方式。

影响压力强度与持续时间的关键因素

事件本身的确会引发压力的情绪，但我在实务工作中发现，同一件事情不尽然对所有人都造成相同程度的压力。原因有几个：

1.事件本身能否被我们预测？

无法被预测的压力事件，经常会带给人们不舒服的感受。好比说,当你在接受一个难受的疗程时,我们通常比较希望听到医生笃定地说:"好,再来处理两次就没问题了。"而不是看到医生皱眉头,叹气道:"你先观察看看吧,还要再处理几次不太确定。"

当你在准备一场重要的会议时,你会希望主管先知会你当天要讨论的重点,而不是笑笑地告诉你"当天就知道了";准备一场重要的餐会时,你会想要先掌握宾客人数与喜好,而不是等到当天才手忙脚乱地准备。

请记得:人们虽然喜欢惊喜,但不喜欢惊吓。因此,一件事情到底会引发当事人多大的压力反应,能否预知是一个重要的指标。人们处在未知的焦虑下,往往会想要把事情弄清楚。

有一种现象在遭受暴力、虐待的孩子身上很常见:假如大人经常喜怒无常、毫无来由地拿孩子出气,甚至虐待孩子,孩子会因为找不到大人暴怒的线索与原因而感到相当焦虑与无助。为了减少莫名其妙挨揍的无力感,有些孩子会刻意(但他们对此行为通常没有觉察)捣蛋、搞破坏,让大人生气并处罚他。没有一个孩子喜欢被处罚,但至少眼前处罚来得有凭有据,而且是可以被预测的。

看懂这个逻辑了吗?与其莫名其妙挨揍,倒不如先惹怒对方,这样就知道对方什么时候会出拳头。

2.我们相信自己的能力吗?

在一场公司内部的重要会议上,一个经验丰富的主管,很可能在会议上发言时瑟瑟发抖;一个刚进公司的年轻菜鸟,也可能在被点名时落落大方地谈一个他不太熟悉的题目(尽管多数同事觉得他根本离题了)。那么,决定这两人紧张与否的关键原因是什么? 相信有些人会回答"神经有多粗"或"脸皮有多厚"。

更精确的答案其实是:个人相不相信自己有能力应付眼前的挑战。在心理学中,这个概念称为自我效能,也就是个人主观觉得自己有能力应付某件事情的信念。

倘若一个人面对某件事情的能力很不错,却总是对自己抱持低自我效能,即便是面对有把握的情境,也可能因为压力过大使得表现大打折扣。此时他却又误认为是自己能力不好,所以下次遇到同样的状况,肯定会因为缺乏信心而感到"压力山大"。

3.对未来抱持何种预期?

复习一下前面提到的:光是用想象的,就能产生仿佛亲身经历的压力反应。纵使你的业绩经常是全公司之冠,杰出的表现总是令人赞赏,可是你对未来经常抱持灾难化的想象,觉得事情一定会出错,结果总是会令人丧气,光是用想的就足以令你不想出门,甚至食不下咽、夜不成眠。

相对地,就算你刚到一个新的单位,难免会对陌生的环境与业务感到压力,但因为你抱持的观点是"出错是难免的,我愿意努力学习,相信出错的概率会越来越低,也会对工作更上手",那么每一天上班,对你就是一种学习,而不是折磨。你会有适度的压力,但这股压力将会是陪伴你成长的正向力量。

如此看来，一件事情带给人的压力程度，除了事件本身之外，还包括了个人解读事情、环境与自己的观点。

为压力找一个出口

长期累积的压力是引发胃溃疡的主要因素之一。

当你长时间处在紧绷、难以放松的情况下，压力所引发的生理反应会让胃的环境产生变化，原本足以抵抗胃酸的胃壁逐渐遭受强酸的侵蚀。但是你知道吗？胃溃疡并不是人类的专利。

虽然你不曾听到狗、猴子或老鼠得胃溃疡（或许是因为它们没有医保卡，或者不知道如何去诊所挂号），但科学家发现，长时间的压力的确也会促发其他生物的胃溃疡反应。接下来科学家假设：假如压力会促进胃溃疡的形成，倘若帮压力找到出口，是不是就能避免（或减缓）胃溃疡的形成？

科学家如何引导动物们纾解压力呢？

首先是老鼠。科学家将老鼠分成两群，并且创造相同的压力情境（像是突然闪烁的刺眼光线、巨大吓人的噪音）。其中一群老鼠在惊吓之余，只能无助地愣在原地发抖；另一群老鼠在惊吓之余，可以到一旁科学家所提供的滚轮上用力跑步。你猜，哪一群老鼠胃溃疡的反应比较不明显？

答案是：有事情可以做的那一群。

当滚轮组的老鼠感觉到有压力时，至少还有一件不讨厌的事情可以转移注意力、抒发情绪，光是这么简单的一个设计，就能大大降低受惊之后的压力程度。

接着是小猴子。当小猴子受到惊吓、觉得孤单或害怕的时候，假如猴子妈妈能够适时出现，温柔地抱抱小猴子，为孩子梳理毛发，小猴子血液里的压力激素浓度就会比另一群苦等不到母亲来关爱的小猴子要低。

最有趣的莫过于对于猩猩的行为观察。

美国神经生物学家罗伯特·萨波斯基（Robert M. Sapolsky）在《压力》（*Why Zebras Don't Get Ulcers*）一书中曾提到，猩猩是群居性动物，它们拥有类似人类的复杂社会阶层，当群体里的公猩猩在角逐王位失败后，满怀挫折与压力的他会去揍另一只位阶相对较低的公猩猩，这只公猩猩遭受攻击以后，带着满腹委屈转而去找其他母猩猩麻烦，然后母猩猩再去揍别人家的孩子，被欺负的小猩猩又去扇婴儿猩猩巴掌……这种类似于人类社会中的霸凌行为，当然也有助于降低猩猩内在的压力强度。

这样看起来，无论是老鼠跑滚轮、小猴子被母亲温柔呵护、猩猩欺负另一个"倒霉鬼"的行为，其实都是在为内在的压力找一个出口，以缓和压力所引发的负面情绪或难受的生理反应。

那么，焦点该回到你身上了：

●你可以觉察到自己何时有压力吗？当压力来临时，通常会反映在哪些身心状态上?

　●你有为自己纾压的策略吗? 你的纾压策略简单易行吗?
你有持续执行这些纾压的行动吗?

　●你的纾压策略一直都能奏效吗? 还是随着时间逐渐失去
效果? 又或者短期有效,长期却对你的身心造成更大的负担?

总而言之,想要拥有健康的身心状态,你必须为自己打造一套
有效的纾压策略,别让负面情绪与压力长时间累积在心里。然后也
请记得:千万不要因为自己不想得胃溃疡,就害别人得胃溃疡。

PART 2 / 安顿情绪

刻意放松，是愿意倾听情绪捎来的信息。

情绪是一封来自内心的信笺，

里面叙说着许多你在意的大小事。

倘若你愿意敞开心扉，友善地迎接它、阅读它，

就有机会听见内在的声音，

并且满足自己的需求，进而安顿情绪。

第8章　自我觉察，是启动放松的关键

做梦与醒着的差别是什么？

带领情绪管理与纾压的课程时，我经常问学员这问题。学员们的答案五花八门。有人认为差别在于躺着或站着、眼睛睁开或闭上（好像也没错），有人认为差别在于脑波不同（的确是），也有人认为差别在于醒着的时候有觉察，做梦时则没有觉察。

哇！这个答案很有意思，值得我们多谈一谈。

醒着，却未必清醒

做梦的确不同于醒着，毕竟在梦的世界里有无限可能，但现实生活却连瞬间移动都办不到。也因为这样，当我们认为对方的想法或行动不切实际、缺乏逻辑时，就会看着对方说："你是在做梦吗？"

可是当我们醒着的时候，真的有保持清醒吗？

请你想想看：

●是否曾经在咆哮、摔东西、夺门而出之后，才猛然回过神来，不清楚自己刚刚为何如此愤怒？

●是否在狼吞虎咽完整桌甜点零食之后,才惊觉"怎么又失控了"?

●他人是否经常因为你的言行生气、难过,而你却浑然未觉自己说话的方式其实很伤人?

●你的衣橱与鞋柜里有多少衣服和鞋子只穿过一次,就再也没有派上用场?有多少东西是你一开始觉得非买不可、入手后没多久却成了占空间的障碍物?那么,当初又为什么会买这些东西呢?

前述这些行为有一个共通点:缺乏觉察。

缺乏自我觉察的人,时常不清楚情绪从何而来,无法采取稳定的思绪与情绪响应眼前的情境。他们总是被情绪或惯性绑架,导致无意间做出失控的决策,破坏生活秩序,也害自己时常陷在各种后悔与自责当中。

假如你发现自己经常陷在这种失控—后悔、自责的负向循环中,真的需要好好地练习自我觉察。

觉察是不带评价的观察

什么是自我觉察(self-awareness)?

自我觉察=不带评价、如实地观察自己内、外在的各种状态。

假设有A、B两个人，A一旦生气起来二话不说便对他人恶言相向，甚至抡起拳头就要揍人、摔东西，他对自己的冲动毫无觉察，也不清楚自己的行为或语言会对他人造成哪些伤害。B生气时也觉得很不舒服，但他能感受到自己正在负面情绪中，能够试着提醒自己放慢脚步，采取更适当的表达方式。这两个人虽然都感受到愤怒的情绪，但他们对于情绪的掌握、该如何做出反应的心理历程却截然不同。

A经常迷失在自己的情绪中，他的行为举止是情绪化且不经过思考的反射动作。他甚至不清楚自己为何当下如此冲动，为何会丢掉工作，所以经常处在抱怨、自责或后悔的情绪当中。

相较之下，B能够与自己的情绪拉开一段距离，观看自己当下的状态，也因此比较能保持清楚的思绪与稳定的情绪。虽然有时他也会用比较直接的语气与对方沟通，甚至表达拒绝，但那是经过思考后的决定。即使后来因而失去某一段关系或工作，也不至于感到后悔。

长期来看，你觉得哪一个人的生活质量会比较好？假如主管正在考虑职位升迁，你认为哪一个人会是主管优先考虑的人选？你身边有哪些人属于A类型？有哪些人属于B类型？而你自己又是属于哪一类呢？

一个对自己保持客观觉察的人，比较能清楚知道自己身处何方、知道自己此刻身体或情绪的反应、知道自己正在做什么、知道自己的行为对自己与他人带来的影响……这些对自己的知道，就是自我觉察。

我很喜欢这样形容自我觉察：想象有一个贴身的摄影镜头跟随着自己，你可以透过这个镜头客观地观察自己的身体感受、情绪、需求及想法。甚至，你还能观察到因为身体感受、情绪、想法而再次衍生出来的感受、情绪与想法……

你也可以想象自己站在一条车水马龙的路边，内在的想法或情绪就像是从你眼前行驶而过的车子。每一部车子的颜色、大小、行驶速度都不一样，而你只是稳稳地站在原地观察，并告诉自己，我看见这辆车子了，我知道这辆车子正通过我眼前，无须跳上任何一辆车，别任由它将你载离原地。

记得，你所要做的只是如实地观察，不要急着对任何一个想法、感受、情绪贴上应该与否、好坏或对错的标签，也就是不带评价地、如实地观察自己的各种状态。

随时随地练习自我觉察

我发现有许多人不太能够与自己连结，换句话说就是我们跟自己并不熟。纵使我们的大脑擅长分析利弊得失，却未必能清楚辨识自己内在真实的想法、感受、渴望，也不清楚当下浮现的情绪究竟想要传递哪些信息。当然，也不知道该如何安顿自己的情绪。

好消息是，自我觉察可以让这一切产生很大的不同，而且只要你愿意,随时随地都能锻炼觉察的能力,让这个能力变得更纯熟、更精进。

现在,让我们用最放松的步调,借由觉察练习来靠近自己的感受与想法吧。

1.觉察自己的身体感受

像是一个友善的旁观者,如实地观察自己的身体反应,先别分析原因,也别评价这些感受的好坏或对错。请你先深呼吸,用你的眼睛阅读以下的文字,然后用身体来感受文字所提到的部位:

●此刻你的双脚是稳稳踩在地板上,还是不自觉跷脚、抖脚呢?

●此刻的你若是站着,感受一下你的站姿是平衡的,还是倾斜的?

●此刻的你若是坐着,感受一下屁股与椅垫接触的感觉。感受一下,此刻你的骨盆是平衡的,还是倾斜的?

●此刻你的肚子是饥饿、饱足的,或者有哪些感受?

●此刻你的背部是放松的,还是僵硬的?

●此刻你的肩膀是紧绷的,还是放松的?

●此刻你的脖子是挺直的、往后仰的,还是如乌龟那般往前探?

●此刻你的口腔是干燥的,还是湿润的? 有口水等待吞咽吗?

●此刻你的嘴角是紧绷的,还是松开的?

●此刻你有憋气吗?还有记得继续呼吸吗?

●此刻你的呼吸是深层而缓慢的,还是浅短且急促的呢?

请你感受一下,在这些练习当中,哪些部位的感觉最明显、最容易感觉得到? 哪些部位比较陌生、难以感受到呢?

有些部位或许很容易感受得到,有些部位明明也是我们身体的一部分,却觉得无比陌生。我们经常是在没有觉察的情况下,用不适当的方式对待自己的身体,长时间下来,就可能造成各种伤害或疾病。

假如你刚刚有跟随这些文字细细地觉察自己的身体感受,是否会不自主地跟着稍微动一下相对应的部位,让自己恢复到比较放松的状态? 只要你开始启动对自己的觉察,就有机会调整姿势、调整生活的方式。

2.观察自己的想法／念头

我们的大脑是一部性能卓越的思绪制造机,无论你是不是刻意,总是能够迅速且大量地产出各种想法。任何一个想法都会引发另一个想法,这些想法可能跟过去的经验有关,彼此之间也可能毫无逻辑可言。

需要创意的时候,这种念念相逐的现象或许能为你带来许多想法,但若你需要专注且深入地思考,或者需要静下心来好好睡一觉,就会让你感到头痛万分。

没有人能够随心所欲指使自己的大脑：喂！够了，不要再想了！但你可以如同觉察身体感受那样，遵循"不带评价的觉察"原则。

你可以想象自己坐在一片绿油油的草地上，头顶上蔚蓝的天空是你心灵的样貌，而脑袋里浮现的画面，就像是一朵朵飘过的白云。假如你单纯地觉察它们正掠过眼前，然后继续专注当下正在做的事，好比说深呼吸、喝水、走路……你会发现，这些云朵虽然总是不请自来，但它们通常也会自己飘走。

请记得：思考、分析、评价，会让大脑继续衍生出更多想法。你不需要花力气去否认或压抑这些念头，而是借由观察，知道并接纳有哪些想法正浮现上来，光是这样的练习，就可以让纷纷扰扰的想法逐渐沉淀。

对于大脑浮现的想法保持了了分明，但如如不动的态度。

借由觉察，让生活过得更自在

自我觉察不等于改变，但是没有觉察往往就很难有所改变。

自我觉察为你带来掌控感。缺乏自我觉察，我们经常会受情绪驱使而采取最熟悉的行动。这些方式很可能在过去是有效的，却未必适用在此时此刻。一旦你的生活充满了惯性，就会逐渐失去弹性。自我觉察让你有机会停下脚步检视：此刻自己的内在发生了什么事？自己真正需要的是什么？采取哪些行动才能帮助自己达到目的?

有时候你会发现:经过自我觉察之后所做的决定,表面上看起来或许跟过去的行动一样,好比说还是答应了对方的请求;还是选择不跟某人互动;依旧决定独自待在家里……但这是经过你思考后带着觉知所做的决定。无论结果如何,这都是你主动为自己做的选择,所以你不会过度自责、后悔。

自我觉察让你开始学习为自己负责。缺乏自我觉察,我们总是习惯把情绪往外扔,认为是别人的责任,并且期待别人来为我们的情绪负责。自我觉察帮助我们理解情绪被触发的原因,了解自己真正的渴望,我们可以调整长久以来解读信息的观点,也可以调整内在的期待,以及响应外界的方式。

即使所处的环境难以改变,我们却已经通过调整自己,主动改变了与外在环境的关系。

第9章　正向思考三元素

前来寻求心理咨询的人,大多在生活中遭遇了许多不顺心的事。他们在来到咨询室之前,通常也有求助身旁亲友的经验。然而在寻求协助或支持的过程中,最令他们感到受伤、无助的语言不外乎三大类:不要想就没事了、往好处想就好了、不要经常让自己心情不好。

对于正向思考的误解

为何这些看似正向的语言不具有支持或鼓励的效果? 原因是:

你无法强迫大脑不去想某一件事。

当你告诉自己不要挂心某件事情的同时,你就正在提醒自己这件事。就像一个在关系中被背叛而受伤的人,每天都提醒自己要忘记伤害他的人,你觉得他真的忘得了对方吗? 此外,当你用力要求自己忽略某件事情时,你的大脑也必须耗费一部分能量来提醒自己执行这件事,结果反而让自己更无法集中心力在当下的生活或工作中。因此,那些你强迫自己不去想的事情,其实更容易影响你的情绪与生活(在第十一章会更清楚地说明这部分）。

有些事情真的想不到好处

当人们遭逢亲友过世、多年来辛苦累积的财产被诈骗一空，甚至得知自己罹患重病或因意外失去身体某个部位时，那种冲击与痛苦往往是令人难以承受的，在这种情况下，真的很难往任何好处思考。而且如果硬要将眼前的困境解读成好的，某种程度上也算是用力扭曲、否认事实。这种鼓励听在受苦的人耳里，就像缺乏同理心的风凉话。

你所经历的伤痛，没有谁有权力要你往好处想；但同样的，假如你不愿意放下，也没有人能够帮得了你。

反复浮现的负面情绪，往往传递着重要信息

或许是因为某些声音没有被听见、某些需求没有被满足，所以这些负面情绪才会重复出现。与其忽视或否认，倒不如试着去了解这些情绪到底想要告诉我们什么事情。好比说：觉得自己总是被忽视，所以觉得不安全；总是觉得不被认同，因为挫折而引发生气；觉得自己经常被误解，所以感觉到委屈。当我们听懂情绪想要传递的信息，学会照顾自己，这些看似负面的情绪就不会经常出现了。

不过，我当然不是要否定正向思考的好处，毕竟我们解读事情的观点会直接影响我们的情绪与行动。假如每一件事情都只关注

在负面的、黑暗的面上,你的心情就会像乌云笼罩的天空,没有任何
缝隙允许阳光照进来。

那么,可以为我们带来正能量又能够觉得被同理、被滋养(而不
是被敷衍)的正向思考,到底该怎么练习呢?

你比自己所想的还要有抗压性

为了帮助你找出潜藏在你内在的正向力量,我要邀请你体验一
个活动:

第一步:请你准备一张 A4 大小的空白纸,然后折成九宫
格。在接下来的几天当中,当你遇见年纪相仿的同事或朋友
时,请你询问他在最近的生活中,让他觉得有压力的一件事,然
后把这件事情写在其中一格。

询问完九个人,收集满答案后,虽然天空不会出现让你许
愿的神龙或精灵,但是,接下来的步骤可以帮助你找出放松的
重要秘诀。

第二步:请你从这九个答案中,圈出你也会觉得有压力的
事件。这意味着,同样的事件无论是谁遇到,都会感到有压力,
这跟你能力好不好、抗压性高不高或许没有太大关系。如果你
因为这样批评自己,对自己并不公平。有些事情会给人们带来
压力是普遍的现象,强度通常也适中,例如:考试、上台报告、刚

学开车……但是当你批评自己、质疑自己时,却会让压力变得更大、持续更久。

　　第三步:请你从这九个答案中,圈出你也曾经历过,但不太有明显压力的事件。重点来啦! 为什么有些事件你也曾经历过,但对你而言却不会感觉到有压力(或者只感觉到程度适中的压力)呢? 有没有可能,其实你早已掌握某些正向思考的精髓,只是自己从未发现?

接下来,我们就来认识正向思考的核心精神。

掌握正向思考的核心三元素

　　正向思考的核心精神是"直球对决":正视问题,不逃避、不扭曲、不否认,同时帮助你拓展观点,以更宽宏的视野看见本来就存在的正向因子。这么一来,我们就不会被困在狭隘的解读当中,也能用更友善的态度来鼓励自己与他人。

元素一:重视正向例外的经验

　　正向思考的态度是:问题有出现的时候,也有没出现的时候。

　　我们不是只能在问题本身打转,也可以通过探讨"问题什么时候没有出现?"试着找出方法,让问题没有出现的时间延长。例如:处理孩子偷窃行为时,我通常会探究"孩子什么时候没有偷东西?",

并且试着让没有偷东西的行为增加,间接减少偷窃的频率。

当你在工作上出了些差错而被责备时,可能会陷入无止境的自责、羞愧,这时候请你记得提醒自己:我这次的确有地方疏失了,需要改进,不过我并不是每次都出错,大部分时间我都做得挺好的。这样才能帮助你从负面情绪的深渊中脱困,重新回归比较平稳的状态。

接着,我们可以问问自己:之前为什么没有出错? 我是怎么办到的? 这部分就关乎正向思考的第二个元素。

元素二:重视行动带来的回馈

成功或失败,只是依据某些标准而得出的结果,但不代表事情的全貌。假使一个人只凭借成功或失败来衡量每一件事情,得到的结果也只是单薄的二元论。然而,每一次的行动无论结果如何,你都可以从中获得很重要的回馈:这次做了什么,让事情变得更理想?下次如果少做什么,可以让结果变得更好?

好比说,与其将吵架视为这一次沟通失败,倒不如从中观察你的哪些响应踩到对方的"地雷",往后与对方互动,就能有意识地避免同样的响应;与其批评自己厨艺很烂,不如观察烹饪过程有哪些环节出状况,并且找出调整的方式。

就像伟大的发明家爱迪生曾经说过的:"我从不觉得自己失败,事实上,我发现了无数个无法通往成功的方法。"有一位我认识的初中生则说:"我没有失败,我只是还在寻找答案的路上。"

具备这种观点的人,无论行动的结果如何,都能够持续从过程中获得成长。

元素三:重视在过程中的投入

结果通常一翻两瞪眼,但过程却蕴含许多珍贵的宝藏。

有一次我到地方法院对保护管束的青少年演讲,骑车途中看到两个全身布满刺青的青少年,一位蹲在路上帮跌倒的老太太捡拾掉落满地的水果,另一位则负责指挥车辆避开。演讲开始十五分钟后,有两个人满头大汗地冲进教室,我定睛一看,正是方才在路边帮助老太太的青少年。

从结果来看,这两位老兄居然敢在保护管束报到当天迟到,这是法院很不乐见的现象;但若从过程来看,这两人愿意冒着迟到的风险,主动在车水马龙的路口停下脚步,出手帮助一位陌生的老太太,这不就是我们最期待孩子表现的行为吗?

我们成长的环境已经充斥着太多评价,就连我们也习惯用各种标准来衡量自己。但是,人的价值不该只是建立在行为的结果上,还包括你在行动过程中投入的努力、善意、坚持、勇气……都是很值得被肯定的。

当天结束课程离开法院之前,我特地带着这两位青少年去向保护官诉说我所看到的过程,两个大男孩瞪大了眼睛,不太相信有人愿意帮他们说话。面对我和保护官的肯定,原本叛逆的脸颊突然红了起来,吊儿郎当的站姿也显得有些不知所措。显然,他们并不习惯正向的肯定。

或许,我们停止不了环境对我们的评价,但在你的心里记得要保留一块空间,时时提醒自己:我们的价值,不全然取决于我们的表现结果,还包括自己一直以来的努力、坚持、勇气、善意。

正视问题,但不要被问题困住

传统观点重视行动的结果,正向思考重视行动的过程;传统观点经常局限在结果的单一视角,而正向思考则拓展看待事情的观点:看见结果之外的各种风景。

不是每一次的努力都能成功,但每一次的努力一定都让我们能有所成长。成功固然迷人,但成长更为重要!

所以我们不需要去否定或扭曲解读已经发生的事情,但我们可以提醒自己:问题并不总是发生,有时候或许无法直接消灭问题,但我们可以通过降低问题发生的频率进而改善状况;再有,我们可以从每一次的行动中收集重要的回馈,提醒自己无效的就少做,有效的就多做;最后,我们不再只是用结果来评价自己,也能欣赏自己在过程中的投入。慢慢地,我们就能自在地正视并接纳问题的确存在,也能长出处理问题的自信。

第10章　STOP情绪缓和术

刚考上重点高中的女孩,与父母为了是否继续补习的事情吵了好一阵子。

女孩认为自己既然能够考上第一志愿,代表自有一套有效的读书策略,不需要再被别人逼迫念书,希望可以获得更多自由。父母则担心孩子不补习会进度落后,课业成绩会因为懈怠而退步。于是双方僵持不下。

某次又为了此事争吵时,母亲大骂了女孩一句:"别人家的孩子想去补习还不一定有钱,你从小要什么,我们就给你什么,如果你还不懂感恩,那么不听话,干脆给我滚出去!"

女孩听了之后果真负气冲出家门,只是这一出去,就再也没有回来。

几分钟之后,小区大楼的中庭传来一声巨响。一道身影从三十楼高的露台一跃而下,几套尚未拆封的全新制服还整齐叠在床上,但一个年轻生命就此陨落。这件事情,当然也成了父母心中永远磨灭不掉的伤痛。

或许有人会觉得是年轻人抗压性低、不懂得珍惜生命;也或许有人会责怪父母不懂得给孩子自由,逼得孩子走投无路,不过,我们并不了解他们家发生什么事,也没有权力去责备他们。我们要学习的是去理解在那个当下,他们的内心到底发生了什么事?为何会说出这些话、做出这些行为?

内在失去安顿情绪的空间

想想看,你是否也曾有过因为突如其来的情绪窜上脑门,冲动说出或做出让彼此都受伤也让自己后悔万分的语言或行为?那个当下,你是否已经失去了理性思考的能力,一股难以压抑的巨大力量推动着你去做些什么,你也很难踩得住刹车,对吗?

这种俗称理智线断裂的现象,其实跟我们大脑当中遇到危机时负责提供警示的杏仁核,以及掌管理性思考判断的前额叶皮质有密切关联。假如大脑时常放任杏仁核警铃大响,前额叶却经常无法适时介入、提供思考与判断,就会因为持续升高的焦虑、激动状态而做出失控的行为。

假如你发现自己似乎有类似的现象,请不要自责。你并不是一个脾气不好或抗压性低的人,你的杏仁核只是站在保护你的立场而启动警铃,它没有想要伤害谁,它只是不希望你受伤。至于你脑袋里的警铃为何经常因为一些连你都难以理解的事(甚至是你认为的小事)而失控,这通常与你成长的经验有关。

好消息是,大脑里的神经元遵循着用进废退的原则发展,假如你从此刻开始锻炼杏仁核与前额叶皮质之间的连接,两者之间的通道就会慢慢被建立起来。未来当你遇到危机、杏仁核开始启动时，前额叶皮质不再只是双手交叉在胸前袖手旁观，你的杏仁核与前额叶皮质的联结会变得更紧密，能够适时相互支持。所以你依旧能感觉到各种情绪，却也能够做出适合当下的行为反应。

换句话说，以前的你被情绪所奴役，而现在你将成为情绪的主人。这种改变，可以借由练习STOP情绪缓和术来达成。

STOP情绪缓和术

STOP情绪缓和术有四个具体步骤，依序是暂停动作、留意呼吸、自我观察、重新表达。让我们进一步认识这四个步骤：

S：Stop，暂停动作

捕捉到情绪浮现（尤其是负向或强烈的情绪）的片刻，最简单也是最重要的任务，就是告诉自己：停！现在什么都不要做。

什么都不要做就是你当下唯一要做的事情。光是停止动作就有机会减少冲动行为产生。

假如你本来就是很擅长忍耐的人，那恭喜你，这个步骤你一定很熟练。不过请放心，以前你除了忍耐就没其他招式可以使用了，但后续三个步骤会让你跳出这个状态。现在，你只要提醒自己：

停，轻轻地放下手中的东西，不要扔、不要摔，更不要伤害自己或他人。

停，你可以微微松开嘴唇，但不要急着说任何话。

停,你可以持续看着前面的人,或者将视线瞥到一边,但不做任何反应。

停,不要把辞呈递出去,不要寄出信件,不要发送信息。

停,请对方给你一些时间,不要急着做决策。

停,就是此刻你所要做的事情。

此刻,不要让事情如过往那样变得更糟、失控,就是最好的开始。

你想骂人、想摔东西? 请放心,未来机会多的是,不急于这一时。

你可能会抗议:"可是,过了这个时间点我就冲动不起来了啊!"

嘿嘿,恭喜你发现了这个事实!

T:Take a breath,留意呼吸

有时候你就是处在什么事情都做不了的困境当中,这时候深呼吸就是你信手拈来、非常有效的冷静方式。稳定而规律的呼吸可以调整你的自律神经,帮助你缓和当下急促的心跳,放松紧绷的肌肉。

这时候的呼吸其实没有什么技巧,想要大口呼吸就大口呼吸。千万别在这个时候提醒自己:"据说道行高深的人都可以用安静且不着痕迹的方式呼吸。"此时刻意控制呼吸,反而会让激动状态下的自己更不舒服。

身体需要多少氧气,它会自行告诉你。经过几次大口(声音可能也很明显的)呼吸之后你会发现,呼吸会自动变得缓慢、轻巧且不费力。这代表着你已经借由呼吸的动作,帮助身体重新回归平稳的状态。此时通常你也能感受到,胸口的起伏变得比较不明显,心跳的速度逐渐缓和。或许肌肉还无法完全放松,但内心那一股非得做点什么的冲动已经缩小许多。

来,现在就观察一下自己呼吸的力道与速度。感受一下这与你在生气的时候有什么不同?

假如你发现自己正在憋气,或者刻意控制呼吸的力道,请提醒自己:吸气会自动到来,呼气也会自动发生。只要观察呼吸的运作就好,不要花力气去控制。

O:Observe yourself,观察自我

身体趋于平稳之后,就要把注意力转移到心(其实是指大脑)上面了。

有时候情绪像是俄罗斯套娃,一种情绪里面还包含着其他情绪。就像生气的背后,经常是因为挫折、失望、无力、恐惧……假如我们因为感受到生气就骂人、指责或自责,表面上抒发了情绪,实际上却没有贴近自己内在真实的声音,当然也没有办法达到真正的安抚效果。

情绪也是一种信号,当你内在有某些渴望被忽略、某些需求没有被满足、某些声音没有被听见,相对应的情绪就会跳出来提醒你。唯有听懂这些声音,你才会更清楚情绪究竟从何而来,也才能够掌握自己真正想要表达的内容,否则就会陷入很生气 / 委屈却说不清

楚的窘境。

在这里,提供几个可以帮助你探索自己内在需求的问句:

● 发生了什么事让我有这么大的情绪?

● 在这件事情里,我真正最在意的是什么?

● 在这个情绪背后,我真正希望别人听懂的是什么?

● 如果可以,我期待别人帮忙的部分是什么?

你发现了吗?重点不是别人做了或说了什么,而是在这些事件当中,自己的需求、渴望到底是什么?因为我们无法改变别人,但可以借由自我探索来帮助自己。

P:Proceed,重新表达

面对危机、情绪激动的时候,我们最常使用的应对策略都是来自过往的惯性,这和生物演化的过程有关:事态危急,哪里还有时间慢慢思考?想到什么招式就用什么招式。偏偏现代人类的生活极其复杂,这些招式不见得适用于每一种情境,而且人们因为依赖惯性,常常没有发现自己正在重复使用无效的方法。

就像我曾经与一位母亲谈话,我问她,如何停止孩子熬夜玩手机的行为?

她会告诉孩子:"好了,把手机收起来了。"

我问:"假如他不听话呢?"

她会提高音量:"好了! 手机收起来了!"

我继续追问:"那要是他依旧不听话呢?"

她说她会大吼:"手机给我收起来! 到底有没有听到?"

像这样,只不过是音量大小的不同,其实讲话的内容是一样的。重复同样无效的行为,怎么可能得到有效的结果呢?

情绪冷静下来,探索完自己的需求之后,我们要练习思考:

● 过去的行动方式里,哪些能有效达到我的目的? 哪些无效?

● 刚才的表达方式,有让别人理解我想表达的吗?

● 有哪些表达方式更能够让别人懂我?

● 如何行动才能减少伤害,或者接近彼此的期待?

经常陪伴自己整理过往的行动经验,有效的策略就保留,无效的就避免重复。未来,你就更能够在需要时为自己筛选出有效的行动策略。

稳定情绪,不等于压抑情绪

有人曾经问过我:"你要我们做这个练习,是不是为了减少冲动、避免负面情绪?"

嗯,这句话只说对了一半。STOP情绪缓和术的确是要减少你冲动行事的频率,但绝对不是要压抑或否认负面情绪。

负面情绪与其他情绪一样，是再自然不过的现象了，我们不需要去抑制或否定它们，但我们要努力的是，避免因为不了解自己内在的真实情绪、不知道该如何表达，或者因为冲动，而将内在的情绪化为对外或对内的攻击。这样一来，不仅伤害了别人与自己，也无助于让别人更了解你。

假如你在经过了这些练习之后，发现如果不大声制止，对方是不会停止动作的，如果不严厉地表达自己的立场，会持续被侵犯，那么生气或严厉的语言还是有存在的必要。

也因为你是在相对稳定的情绪状态下经过觉察才做出这些行为，即使对方的反应或事情的结果不如你的期待，你也不会留下太多遗憾或自责，因为这些行动都是经过你的觉察之后所做的决定。

第11章　释放脑袋里的蓝色大象

很多时候，即使我们已经刻意提醒自己不要胡思乱想，要专注在眼前的事情，可是我们的心没有那么听话，在你稍不留意的片刻，念头便溜了出去，一眨眼就跑到你找不到的地方。

所以这一章，我们要练习专注在我们当下的思绪，安顿纷乱的念头。

可以的话，此刻请你暂时放下手边的工作（当然也包括手机），站起身来，找一个地方专注地走走路。

假如你现在所处的空间不允许你做这件事，你也可以就在原本的位置上安静地坐一会儿。

这个活动的规则很简单：

专注地在某个范围内走一走，或者安静地坐着，就是你当下唯一要做的事情。大概这样进行三分钟即可。

就是现在，请你设定好时间，一起来体验这三分钟的活动。

心,总是喧嚣大于沉静

假设你已经完成了三分钟的活动,请你回顾一下:在刚刚那三分钟里,你的心"说"了些什么呢?

你的心,是否挂念着刚才处理到一半的事情?是否想起了早上发生过的某些事?是否开始规划晚餐或周末的行程?是否浮现了做这个活动要干吗的困惑?是否因为窗外的某个声音或不经意瞥见的某个东西,思绪被带到远方?是否想着想着,甚至忘了自己身处何处、正在做什么?

这就是人们普遍所处的状态:即使不说话,内心也经常处在喧嚣的状态。

我们的心念(或称之为思绪)有惊人的移动能力,擅长从一个端点瞬间移动到另一个端点;它可以穿越时空回到过去,也可以瞬间抵达未来;它像是拥有顽强的生命力,能够从一个想法迅速分裂成多个想法,然后持续分裂成无数个。我们经常不自觉地被困在这些纷乱的想法里,因而感到身心俱疲、迷失方向。

想象的力量

蔓延在我们心里的想法虽然无形无影,但它确实会对我们的注意力、情绪、生理造成具体影响。特别是当你脑袋里充斥着对未来负面的预期、对自己或他人的嫌恶、对事情灾难化的想象,此时负面情绪也会随之而来。

在《压力》一书中提到,光是在心里想象,就能产生仿佛身临其境的身体感受。主要的原因是,我们的压力反应系统在面对压力的时候,不太能有效判断眼前的压力到底是因为真实的危机,或者只是来自大脑的想象。

有些人因为出差的另一半没有迅速接起电话或立刻回复信息,就感到焦虑不安与生气;有些人想到逢年过节必须见到某些家人或亲戚,就觉得心烦头晕,甚至失眠;父母想到孩子前几天用力甩门的样子,一股怒气又涌上心头。

这些因为想法而浮现的情绪,也连带引发心跳加速、头晕头痛、肩颈僵硬,甚至是腹痛或消化不良等生理反应。而这些生理方面的不舒服,又会让你更心烦、更紧绷,进而形成沉重的压力。

可是,请你睁大眼睛仔细环顾四周:此刻,你人在哪里?是否处在让你产生负面情绪的那些事件里?那些让你感到头疼的人、事、物,此刻在你身边吗?

其实并没有,对吧?

你担心伴侣刻意回避你,但此刻的他可能正在开会、应酬,或者小憩片刻;你担心过年期间曾经发生的冲突再次上演,但那些人现在都在各自的生活中忙碌,他们当中有些人甚至打算今年过年不返乡;而你的孩子,此刻可能正在学校专心听课、参与分组活动。

那么,你当下的情绪真的是因为这些人、这些事而起的吗?还是基于过去的某些经验或某些想象呢?

假如你没有觉察脑袋里上演的这些剧情都只是我们的想法,而不是此刻正在发生的事实,就会用一个想法持续喂养出更多想法,最终这些想法将会成为一头庞然大物(我经常称之为"蓝色大象")占据你的内在空间,使你无法专注当下正在进行的事情,并影响你做出适当的响应。

你所想象的,往往都会成真

心理学里有一个概念叫作"投射",意思是我们把内心的情绪、价值观、想法,像是投影机那样投放到别人身上。

精神科医师培里博士(Bruce D. Perry)与脱口秀天后奥普拉(Oprah Gail Winfrey)在讨论童年创伤的著作《你发生过什么事?》(*What Happened to You?*: *Conversations on Trauma, Resilience, and Healing*)中,有一句简短有力的描述:"你对这个世界投射什么,就会从世界得到什么。"

当我们对人际关系投射出内在的不信任时,就会带着不安全、焦虑、多疑的态度与他人互动。好比说,你用负面的语言响应对方的关心或赞美,刻意保持和周围人的距离,或是拒绝他人热情的邀约……长时间用这样的模式与他人互动,他人也可能会感觉到你的不信任、冷漠,而逐渐与你拉远距离。

重点来了,当别人与你拉远距离的时候,你感觉到什么?

你一定觉得"看吧!这些人果然不值得信任,他们会拒绝我、疏离我，与人互动真的很辛苦"，于是你对内在的信念更加深信不疑。殊不知你在人际互动中感受到的压力，其实不全然来自外在的人、事、物，而是你内在既定的解读框架。

除此之外，倘若我们经常在脑袋里面批评、否定自己，觉得自己是很糟糕、没有能力的人，经年累月下来，你在面对挑战的时候会选择未战先投降，遇到冲突时害怕的感受会大过思考，并且总是无法接受别人的赞美，久而久之，就会真的成为一个极度没有自信的人。

所以请记得：你经常喂养大脑什么，大脑就会回应你什么。

不要想就没事了吗？

假如想太多会引发压力与负面情绪，那么不要乱想、不要想太多不就没事了吗？

难就难在这里：越是要求自己不要去想，就越会让自己感到负担。

原因有二：一是语言容易对大脑产生暗示，二是因为你过于专心提醒自己不要想某件事，结果反而干扰你专注处理眼前的事情。

语言的暗示性

语言暗示性的威力究竟有多大呢？邀请你来体验一下这个活动：

现在请你深呼吸一口气，然后专注地提醒自己：不要想着一头蓝色的大象。看清楚了：千万不——要——想——着一头蓝色的大象。假如你发现想到蓝色的大象了，就再复诵几次：千——万——不——要——想——着一头蓝色的大象。

如果你很认真地一遍又一遍阅读这段文字，你的脑袋里出现了什么？是否正是一头蓝色大象？

当你告诉自己不要想某件事情的时候，你也同时正在提醒自己记得这件事。就像一个失恋的人，假如每一天都认真地提醒自己记得要忘记对方，结果肯定会让他很沮丧，因为越用力提醒自己要忘记对方，越会想起关于对方的点点滴滴。

额外消耗注意力

当你认真地提醒自己不要想某件事，就如同你专注地讲一通电话、回一封工作的邮件、检查孩子的作业一样，此时你很难同时专心地做另一件事情。

试想：你在约会时，心里不停提醒自己"拜托，不要再想着前任男友了"；期末考的时候，一直提醒自己"不要担心考不好""认真写考卷才不会不及格"；又或者在吃饭的时候努力跟自己说"不要担心热量，吃就对了"。在这种情况下，你还能专心与现任男友约会吗？能全神贯注地写考卷吗？能放松地享用美食吗？

你很可能会不小心噎到、干扰答题的专注力，甚至不小心叫出前男友的名字呢（千万不可啊）！

按下暂停键

现在,我们一方面理解负面想法如何对我们形成压力,一方面却又了解要自己不要去想某件事情其实是办不到的,那到底该怎么办?假如你觉察到心里那一头蓝色大象又开始蠢蠢欲动,停不下来的负向思考、一阵阵的负面情绪又开始对你造成一连串压力,该怎么办呢?

无论思绪从何处开始蔓延,假如想要善待你的大脑,最重要的步骤就是按下暂停键。一旦发现过度用脑的惯性又启动了,就要予以中断。

此刻,我们可以采取一些简单的行动,通过刺激感官来转移注意力:

☐ 拿起手边的杯子,缓缓地喝一杯水(或饮料、咖啡)。

☐ 离开当下的情境,到外面缓缓地走一走。

☐ 挤一些你喜欢的洗面奶,温柔地洗把脸。

☐ 轻轻地闻一闻你喜欢的精油(或是薄荷油、香氛等)。

☐ 握拳,轻轻地敲敲自己的胸口,或者肌肉紧绷的部位。

☐ 用双手的大拇指与食指捏一捏两边的耳垂。

☐ 闭上眼,专注地深呼吸几次(但走路或开车时不可以闭上眼睛哦)。

□ 跟自己说:"等一下,你又开始喽。"

□ 想起某件事情时,提醒自己"好,我知道了"就好了,接着专注地做几次深呼吸,让注意力再次回到正在进行的事情上。

请你从前述这些方式中,勾选出你觉得适合自己练习的暂停法。

当然,我也鼓励你设计出属于自己的暂停法:_____

_____。

无论是用身体行动按暂停键,或者借由自我对话的方式按暂停键,最重要的原则是简单,越简单,越有可能在生活中实际练习。熟练按暂停的技术,过往那种无意识用脑过度的惯性就越容易被削弱。

我知道,你或许还是很困惑:暂停了,然后呢? 接下来要做什么?

请放心,你只要记得提醒自己:能够顺利中断就是最重要的目的,先不必烦恼接下来该做什么。即使过一会儿你又开始继续思考循环,至少也已经不同于过去那种在无意识的状态下让负面思绪无限蔓延、最终掉进情绪深渊的循环了。

第12章　与负面情绪共处

在安宁病房从事护理工作的友人，曾经分享多年前在工作中一段难忘的相遇。

当时病房住进一位癌症晚期的老奶奶。每天下午，她的先生都会提着点心到病房陪老太太聊天、吃东西。走进病房时，老爷爷总是带着笑脸说："老婆，下午茶的时间又到喽！"吃完点心，爷爷就帮奶奶按摩身体，整理床边的小东西，直到奶奶沉沉地睡去，他才会暂时离去。午后时分，和煦的阳光斜斜映入病房，瞬间让充满消毒水味的冷冽空间增添了几分温度。

有一天爷爷来得比较晚，友人主动上前与老奶奶聊天。言谈中，朋友关心奶奶此刻会不会不舒服？会不会痛苦？

"身体当然会痛，但是心里没有苦。"奶奶深呼吸一口气，面带微笑地说道："我的这一生呀，很幸运能遇到一个人愿意用一辈子来爱我、照顾我，甚至还要陪伴我走完人生最后一段路。这样的我感恩都来不及了，怎么会觉得苦呢？"奶奶讲完这一段话的同时，爷爷也刚好走进病房。友人说，那一刻她看见爷爷虽然依旧是一贯的笑容，表情里却有说不上来的不舍。

听到友人转述这一段对话时，当下我的内心大大地被触动了。原来关于生命中难以避免的痛苦,我们还可以用这样的眼光去看待。

受限的观点,引发更多负面情绪

你是否有过类似的经验:当某一个重要他人没有接起你的电话时,起初你猜测他可能在忙着工作,或者担心他会不会发生什么事情? 可是慢慢地,你开始怀疑他是否为某件事情而对你生气,并且开始担心自己是不是做错什么事? 想着想着你又觉得不公平,为什么对方不直接把话讲清楚,而是闪躲你的电话? 接着,你又想起以前人际互动的负面经验,然后内心越发焦虑、害怕。这时候你开始疯狂拨打对方的电话,不然就是使出隐身术,也故意让对方联络不上你。

这种现象就像是"隧道视觉":开车进入隧道的刹那,视线所及只剩下远方出口处的光点,周围全是一片黑暗,什么也看不见。在遭遇某些事情时,我们也可能把注意力全都聚焦在某个负面的焦点上,因而忽略了其他面向。在这种情况下,我们的观点是偏颇、局限的,此时不仅会深陷在负面情绪中难以自拔,也连带影响了我们的判断和行为。

学习接纳负面情绪,但无须让苦延伸

时隔多年,那位奶奶说的话仍深深刻在我的心里。

一直以来,我们都把痛苦二字融合成一个同义词,实际上,这两者却是作用在我们身上不同的层面。"痛"包括了因为疾病或伤害所造成身体的不舒服,以及因为某些事件所引发的内在感受(例如因为分离而难过、因为失败而挫折)。而"苦",则是我们借由对于"痛"的解读与评价,进而引发的另一种心理层面的负面感受。

好比说当一个人生病时,缺乏活力、身体不舒服与心情低落本来就是正常的,但是当他开始抱怨自己很倒霉、质疑医院没有把最好的资源留给他、觉得家人都不照顾他、觉得这个世界不公平时,心情当然就会更加恶劣。

身体疼痛 + 抱怨 + 自责 + 猜疑 + ……=沉重的身心折磨

生活中的种种事件,的确会引发我们各种不同的情绪,而亲人离世、与相爱的人分离、身体健康因素等重大事件,更是让我们觉得难受。感觉到这些痛,不代表你是脆弱、无力的,因为绝大多数人面对这些事情也都会有跟你类似的情绪。

如果你正因为某些事情而经历着难受的情绪,你可以试着不带评价地感受看看,当这个情绪出现时,连带引发哪些身体感受:胸口会闷闷的吗？心跳的速度有比平常快一些吗？肩膀是僵硬的吗？手脚是出汗的还是冰冷的？胃会有紧缩的感觉吗？呼吸还顺畅吗？会有头晕、头胀的感觉吗？

这些反应没有好坏对错,你只需要静静地观察这些身体的反应,然后你会发现:无论是身体的反应还是心情,它们都是相对的。有比较强烈的时候,也会有逐渐消退的时候。

生命中有很多问题是一时半刻解决不了的,或者根本没有所谓的解决方法。假如问题无法解决,难道我们就只能受苦吗?

事实上,你的心灵就像是一片蔚蓝的天空,每一件浮现在你脑海中的事件,无论是令你开心的事情,还是令你悲伤、生气的事情,都像是一朵朵白云。如果你愿意停下脚步,静静地观察,会发现它们虽然总是不请自来,但最终也会悄悄地飘走。当这些思绪飘走之后,你的情绪与身体反应通常也会随之缓和下来。

然后你会发现:身体的疼痛其实就只是身体的疼痛。

事情的本质是中性的

我有一位擅长协助人们减肥的心理师好友,他发现许多人在减肥的过程中,最难受的并不是远离美食或忍受饥饿,而是内在充满许多自责与自我否定的声音。这些攻击自己的声音会引发负面情绪,而负面情绪又影响睡眠、工作效率、人际互动,并且再次引发情绪性进食(甚至催吐),因而造成"坏心情—吃更多—坏心情"的负向循环。

其实体重就只是一种动态的数字而已,跟一个人的品行、能力、价值一点儿关系也没有。假使能够抱持着希望可以让自己更健康、行动更轻松自在的信念，或许就能带着期待与愉悦的心情来调整饮食与作息，而不是带着否认与鄙视自己的心态来消灭某个讨厌的自己。

又好比亲子关系中的冲突。当孩子没有遵循父母的建议去补习、选科系、交友等，父母常常觉得被孩子忤逆，感觉自己没有得到孩子的尊重，觉得自己的努力没有价值……想到这里，会觉得郁闷、低落，当然也伴随生气。

可是孩子在成长的过程中，不就是应该要慢慢长出自己的想法，进而走向独立自主吗？孩子与你本来就是不同的个体，怎么可能在每一件事情上的想法都相同？或许孩子依旧很爱你、尊敬你，可是他也开始想要照着自己的想法行动。当然，孩子的思维可能不如父母来得周全，此时我们可以站在引导者的角色陪伴其思考、面对困境。假设能从这种态度来看待亲子之间观点的差异，相信你们的关系会增添不少合作与尊重的氛围。

又好比说在职场上，难免会发生交情很好的同事突然离职的情况。留下来的人有时候会觉得被遗弃，因为要暂时承接离职同事的业务而感到愤怒，甚至因为要独自面对某些困境而觉得被背叛。在这种情形下，有时候连多年建立的好情谊也会瞬间破灭。

一个人之所以选择离职，很可能只是为了体验不同的工作环境，或者想要追寻理想，获得更好的生活质量。对方没有想要伤害你，也没有任何背叛你的意思。

事件的本质是中性的,我们解读事情的观点则决定了我们的情绪。虽然人本来就会有自己的主观立场,所以不可能(也不需要)达到全然中立,不过我们的确可以在生活中练习觉察自己的观点,看看自己是否因为某些评价、期待、刻板印象而引发不舒服的感受。

拓展涵容情绪的空间

想象你的心灵空间是一个透明澄澈的水瓶,在成长的过程中,因为各种挑战、困境、创伤,里面慢慢装进一颗颗名为悲伤／失落／生气／后悔等各种负面情绪的石头。以往我们总觉得面对负面情绪,就是要努力把这些石头缩小,然后将它倒出水瓶,这样才算是妥善处理情绪。之所以如此,是因为我们的环境总是提醒我们:不要想就没事了、过去就让它过去、不要活在过去,但是这么做,就好像忽视情绪的强度,否认这些事情真实存在过。

事实上,那些曾经引发悲伤／失落／生气的事件或许永远都会以某些形式停留在我们的生命里,它们不会缩小,也可能永远都不会消失,而我们能够(也必须)做的,是在成长过程中学习与它们共处。接纳它会影响我们的情绪这一事实,也要知道那只是生命的一部分。情绪只是我们的一部分,但不等于我们。情绪的威力很大,但我们才是情绪的主人。

虽然,某些事件引发的负面情绪很可能跟着我们很久、很久,但好消息是,我们的大脑拥有持续成长、调节的能力。每一次当我们清楚觉察到情绪的升起，并且学习用更适当的方式来响应它、与它共处，都会强化大脑里处理负面情绪的神经连结，拓展我们内在涵容情绪的空间。

那会是什么样子呢？

你能够觉察到内在有一股情绪即将浮现，而你对这一份情绪并不陌生。你知道它会引发你哪些生理感受、思绪，同时，你也知道这份情绪有升起的时候，但假如你只是如实地感受它，情绪就会慢慢消退。所以，你内在的情绪会开始流动，它不再是压垮你的可怕压力，而你也能够以相对自在的方式来应对负面情绪。

第13章　保持情绪流动

童年的寒暑假,我几乎都是在云林莿桐的外婆家度过。

外婆家的老房子由红砖与瓦片砌成,坐落在一大片绿油油的稻田中央。夏日午间微凉的风徐徐吹过,一望无际的翠绿稻浪随之婆娑舞动,发出阵阵悦耳的沙沙声。大多数时刻我都与表哥在田野小径上骑脚踏车追逐,或是卷起裤管在清澈的小溪里玩水、捉鱼。有时候我们也会拿装满水的瓶子到树下灌蟋蟀,或者偷偷在邻居家休耕的农地上堆起土窑烤地瓜。

无论我们如何调皮捣蛋,总是谨记外婆时常提醒的:要爱护小溪,不可以乱丢垃圾。保持小溪流动顺畅,溪水就不会有味道,小溪的鱼虾也能够健康生存。相反地,当河流堆积太多障碍物,水流不畅通,就会滋生蚊虫,发出臭味,遇到下大雨的时候很容易就暴涨、淹水。

我们的情绪也是如此。许多表现于外的行为问题、身心疾病,往往都与被卡住的情绪有关。

当一个人的情绪找不到适当的出口,不知道该如何表达,甚至被刻意忽视、否认或压抑,流动不顺畅的情绪就会持续堆积负面能量,造成心理的负担,进而形成身体上的疾病。

有时候,我们也会仰赖一些不适当的方法,像是自我伤害、药物滥用、酗酒等各种成瘾行为来帮助自己疏解情绪。这些方式虽然让我们在当下获得些许舒缓,长期下来却造成更多伤害。

面对负面情绪,我们总是用错力气

有一回,一位母亲提到自己经常觉得身体很紧绷、睡眠质量不佳,这些状况已经维持好长一段时间。我问她是否注意到生活中有哪些压力来源。

她说,自从儿子进入青春期以后,对她讲话的口气总是不太礼貌,也开始与她唱反调。同时,她也抱怨丈夫与公婆在养育孩子方面和她持不同立场。这一说就长达十几分钟停不下来,越说音量越大,用词也越来越严厉。

"刚刚在说这一段话的时候,你的心情怎么样?"我问。

"心情? 我没有什么心情,我只是讲一下,看看怎么样让我的孩子比较听话一点。"面对我的问句,母亲似乎不太能够感受到自己是有情绪的。

"提到这些事情,你会有些生气或无奈吗?"我试探性地指出几个情绪词汇,观察母亲的反应。

"不会啊,有什么好生气的? 每一个人本来就有不同的立场,只要孩子乖乖听话就好。"果不其然,母亲依旧没有与自己的负面情绪连结。

对话至此,关于她身体紧绷、难以入睡的原因,我大概已经能够猜想一二。你想想看:既然她可以认同每一个人都有不同立场,也没有生气的情绪,那么刚刚一连串的抱怨又是为什么呢? 这种反应是我在咨询中常见的现象:当事人与自己的负面情绪没有连结,即使表现出指责的行为,却没有觉察到自己内在的情绪,当然也无法听见生气背后的需求。

假使负面情绪已经让人觉得不舒服,你却还用力去忽视、否认,或者压抑情绪,不仅失去妥善安顿情绪的机会,也让自己更加耗能,造成身心更大的负担。

与自己的情绪连结

于是我暂时不谈情绪,邀请这位母亲闭上眼睛,做几次深呼吸,感受一下刚刚在谈孩子、丈夫与公婆的事情时身体有哪些感觉。

这母亲缓缓地说,她觉得心跳变快,肩膀有点儿紧绷,胸口闷闷的且呼吸不太顺畅,眉头紧锁……

我问她,这些感受什么时候会浮现呢? 她说,每当与孩子沟通不顺畅、担心孩子不听话会变坏、丈夫与公公婆婆否定她的养育方式时,这些感受就会出现。

听到她能指出一些身体感受,也能辨识出这些感受浮现的时刻,我相信她多少能够与内在连结了。于是我继续问:"在你的生活中有理解你、疼爱你的人吗?"

她点点头:"是我的母亲,可是她几年前过世了。"

"假如母亲知道你这几年在养育孩子方面很挫折、孤单,而且不被夫家支持,总是无法放松,常常睡不好,她会说什么呢?"

"她会说她知道我很委屈、很生气,她会很舍不得我……"母亲说着,眼眶有些泛红。

"所以独自面对这些事情的你,其实有委屈、有生气,也有难过,对吗?"我放轻声量,重复这位母亲提到的情绪。

她用双手掩着脸,点点头,豆大的泪珠沿着脸颊滑落。有好几分钟的时间我没有说话,只是静静陪着她。

几分钟后,母亲的啜泣逐渐缓和,抬起头露出不太好意思的微笑。

"说说话,掉完眼泪,你现在感觉怎么样?"我问。

"我好久没有这么轻松的感觉了,真的很神奇。"母亲此刻脸部的线条看来柔和许多。

"很神奇? 怎么说呢?"我问。

"以前我都觉得要等问题解决了才会放松,没想到只是说说自己的情绪,竟然就放松许多。为什么会这样呢?"她大感惊讶。

其实道理很简单,假如内在的空间像是一座水库,当负面情绪已经超越警戒线时,我们却又用力撑住不允许情绪疏解,身体与心理就会处在紧绷的状态。相对地,当你能够找到一个安全的对象诉说,允许眼泪随身体本能流出,内在的压力就能够逐渐释放,身心也会随之放松、舒坦许多。

保持情绪流动的三步骤

情绪有升起,自然也会有消退的时候。当负面情绪浮现时,我们难免会觉得不舒服,这是很正常的现象,我们避免不了,也无须避免。但我们可以练习以适当的方式来照顾我们的情绪。

第一步:觉察情绪

情绪就如同肚子饿、肌肉有些紧绷、感觉有点儿困一样,都只是自然的现象。我们要学习更敏锐地发现这些情绪,但不需要因此责备自己。

想想看,假如有一个人因为肚子饿、想睡觉而责备自己,不是有点儿莫名其妙吗?所以我们也不需要因为感觉到生气、害怕、失望等各种负面情绪而责备自己。

就算当下无法立刻辨识出情绪的样貌或情绪从何而来,那也没关系,你只需要温柔地提醒自己:

- 我觉察到有某些不舒服的情绪浮现了。
- 此刻的我正在不太舒服的情绪状态里。
- 我需要让自己静一静之后再做出反应。

如实觉察自己的情绪,允许情绪自然浮现,不否认、不批评,也不急着分析,就是让情绪流动最重要的开始。

第二步:探索需求

负面情绪经常像是一团迷雾,唯有当你勇敢踏进雾里,才有机会看见隐藏其后的景象。

当一个人生气时,往往是因为被碰触到内在的脆弱或痛处,此时内在真实的情绪很可能是失望、沮丧、害怕、担心、恐惧……由于我们从来没有学会好好地辨识情绪,以至于只要觉得不好受,就习惯以生气的方式来表达。

恐惧其实是在提醒你要谨慎行事、确保安全;焦虑是在提醒你多多留意、确保事情在可控制的范围里;失望凸显出你真正在意的事情;尴尬则是因为你在当下进退两难,找不到一个舒适的位置或立场;而指责的背后通常夹带着未被满足的需求。好比说:

● 当大人对孩子说:"你是没有嘴巴,不会好好说话吗?"其实他的需求是:我好想了解你真正的想法。

● 当一个人对伴侣说:"你干脆跟工作交往算了!"其实他的需求是:我好希望你可以多一些时间陪伴我。

● 当家长对老师说:"你们这些年轻的老师真是没经验。"其实他的需求可能是:我好希望你们能帮助我处理孩子的行为问题。

假如能够听懂这些情绪背后的需求，你就能够有意识地停下脚步、关照自己，对自己说："你现在还好吗？需要我为你做些什么吗？"

第三步：安顿自己

许多人对于表达情绪有根深蒂固的误解，认为表达出内在真实的情绪是不理性、脆弱、缺乏自制力的行为。这种误解往往来自童年时期大人的言传与身教。的确，假如丝毫不关照当下的情境或他人的感受，任由情绪恣意宣泄，很可能会伤害他人或自己，这是一种表达情绪的极端方式。但是为了避免这种状况，我们渐渐又走向另一种极端：用力压抑、否认，不让这些情绪有发声的机会。

事实上，安顿情绪最重要的原则是：听见自己情绪背后的声音，并且学会照顾自己的需求。

好比说，觉察到自己处在焦虑状态时，不需要急着解决问题，允许自己出去走一走，放松身心，然后再回来面对问题。感觉到愤怒来临时，不是惯性地指责他人或自己，而是感受身体的反应，试着深呼吸，缓缓做几个伸展动作，慢慢地喝一杯水。觉得受伤或失望时，不需要刻意装出笑脸，你可以找一个不受打扰的空间，让眼泪或负面情绪有地方可以宣泄。

总而言之，觉察到负面情绪来敲门的时候，你可以先从身体感受的层次来安顿自己，也可以试着倾听在这个情绪背后，真正在意的是什么。练习成为一个宽容而开放的观察者,友善地观看情绪的浮现与消退,如实接纳这个情绪,并温柔响应自己的情绪与需求,与情绪和平共处。

我很喜欢以海浪来比喻与情绪的相处之道。

天空中的风、海面下的水流与各式地形……种种因素造就了海面上阵阵海浪。它们有拍打上岸的时候,也会有消退的时候。有冲浪经验的人都知道,与海浪对抗不仅消耗力气,也经常徒劳无功。我们不需要花力气抵抗海浪,而是要练习观察海浪,并且站在浪头上冲浪。

乘着海浪顺势移动,你可以轻轻松松回到岸上,此时你已经成功地度过刚刚那一波情绪,重新回归平稳的状态。

PART 3 / 专注当下

刻意放松,是能够将注意力安顿在此时此刻。
过去的已经过去了,未来的还没有到来。
当我们花费太多心力在悔恨过去、担忧未来,
就失去了活在当下、专注当下的能量。
人生的旅途,难免受到过去的影响,
但未来的生活过得如何,则取决于现在的自己。

第14章　活在当下

批评自己过去所做的决定,对自己是不公平的。

在你的生活中,出现过类似的现象吗?

- 面对过去,内心时不时就浮现"早知道____,我就____"。
- 该休息的时候总是无法放松,该认真工作时却又提不起劲。
- 该专注做一件事情的时候,心里老是挂念着其他待办事项。

这些现象都有一个共同的地方——注意力要不是卡在过去,不然就是挂念着尚未到来的未来,以至于你无法专心在当下此刻。

后悔是因为我们被困在过去

某次与一位客户对谈,听见他说了一句很有智慧的话:"批评自己过去所做的决定,对自己是不公平的。"

"怎么说呢?"我问。

"因为以前的自己,无论是懂的事情、人生的阅历,都没有现在的自己丰富,倘若站在现在的立场去批评过去所做的决定,我只会看到他的不足,却忘了看到他的勇气,这样是不公平的。"

"那么,假如有机会遇到过去的自己,你会跟他说什么呢?"

"我会跟他说:'谢谢你,我知道你在那个当下,已经尽所能做出最好的决定了。'"

面对过去,我们经常带着无数的懊悔,脑袋里满满都是"早知道____,我就____"的念头,时时刻刻拿过去的某些决策或行动来苛责、否定自己。或许你认为汲取过往的教训,可以让自己警惕,避免再犯错,但是当我们过度把精力放在舔舐过去的错误时,不仅无法走出过去的阴影,也忘了最重要的事实:在过去的那当下,我们往往已经竭尽所能地做了最好的决定。

你可以反思过去的决策,但不需要责备或否定自己。尤有甚之,真的还要好好感谢以前的那个你,愿意勇敢地尝试做出某些决定。至于如何面对未来的生活,其实已经与过去的自己无关,那是现在的你需要负责的。

踌躇是对未来的过度恐惧

焦虑不是来自想到未来,而是来自想要控制未来。

提早揭露结果的冒险,就失去冒险的意义了。所以我们不喜欢在追剧的时候被剧透,也不喜欢在听故事的时候有人在旁边大喊:"我知道啊! 接下来就是……"可是面对生命,我们却总是竭尽所能地想要规划一切,避免任何意外发生,希望未来的每一个阶段都能按照我们规划的进行。

未来正因为尚未到来，所以充满未知。我们可以参考各种资料规划未来的生活，这是很重要的行动，但若想要完全掌控未来，避免意外，不仅会活得很用力，也会过得战战兢兢。

好比说面对未来的职业规划，许多学生最常问的就是：该选哪一个专业？念这个专业能确保毕业后有工作吗？要转系还是要重考？假如多花一年准备重考，一定会如愿考上吗？

面对感情，也常有人问：这个人是我最正确的选择吗？跟他交往真的能够一辈子都很幸福吗？他会不会又变得跟前任很像？我可以跟这个人走进婚姻吗？

又如亲子养育，常有父母问：不补习真的可以吗？让孩子念实验学校会比较有竞争力吗？到底要不要迁户籍去念其他学区的重点学校？需不需要尽早帮助孩子确定职业志向？

这些问题都很重要，却也都没有正确答案。当这些担心累积得越来越多，就会形成恐惧，并且让你踌躇不决、动弹不得。

事实上，生命中有很多答案并不会自动浮现，而是在你鼓起勇气、开始行动之后，答案才会慢慢地成形。所以面对许多重要的生命议题，我们并不是知道了答案才能够行动，而是在行动中慢慢摸索出答案的轮廓。

活在当下，就是善待自己

活在当下最重要的精神是：接受事情如其所是的样子。世间万物不变的道理,就是持续地变化。

好比说,上一刻还是色香味俱全的美食,进了你的胃,经过消化之后就成了排泄物;这一刻还是甜蜜的恋人,一段时间后有可能会分手、形同陌路;年轻时充满光泽而紧致的肌肤在数十年岁月洪流中,逐渐长出皱纹、斑点;此刻懵懂撒娇的小男孩,会逐渐成为青少年、成熟稳重的成年人……

而生命中绝大多数的苦,往往来自放不下。对过去某人的一句话难以释怀;无法接受事情发展的结果;对自己的外表或能力感到不满;无法接受孩子的课业表现;无法接受自己生病的事实……此时,我们的注意力就会卡在过去,把力气用在不断悔恨、自责,或者怨天尤人。

我的正念启蒙老师陈德中经常提醒:过去的都已经过去了,未来的也还没有到来。这一刻你的所见所闻,下一刻很可能会转换成另一种样貌。无论你如何执着,都难以改变这个事实。唯有接受万物不断变化的事实,你才能把注意力放在当下,好好地过生活。

放下,才能活在当下

活在当下不是享乐至上,或者什么事情都摆烂不管。活在当下是指当你已经认真反思过去,也用心规划未来,那么就让自己专心处理眼前的事,好好过生活。该工作就认真工作,该放松就好好放松。

身为一个心理咨询师,假如我在与客户谈话的时候边想着上一位客户的谈话内容(过去),或者挂念下一场演讲(未来),我就必须用力压抑脑袋中的念头,才有办法在当下专心倾听客户说话。因此,我在每一次走进咨询室会谈之前,都会刻意在门口深呼吸几次,提醒自己把稍早发生的事情、后续要处理的事情搁在一旁,将注意力拉回当下,让我能专注地与即将见面的客户谈话。

　　专心在当下,才是最省力的工作策略。等到咨询结束、写完记录之后,我就把方才的谈话放下,继续全心全意专注在下一件事情上。

　　好比说陪伴家人这件事,试着腾出几分钟的时间,放下手边的事情,暂停思考工作的事情,专心听听孩子或伴侣说话,并且在倾听的时候就只要专注在倾听这件事,不要同时想着孩子过去是不是也犯了相同的错,或者想要建议对方未来该如何行动。专心倾听,你会发现陪伴这件事情比你想象的轻松很多,你比较能听见对方内在的情绪,也更能拉近彼此的距离。

　　同样的道理,吃饭的时候就专心吃饭。关掉电视,放下手机,可以的话也请暂时停止任何与吃饭无关的事情,把注意力放在眼前的饭菜上,留意自己将菜肴夹进口中的动作,以及刻意放慢咀嚼的速度。一开始你会很不习惯这么做,但很快地你就会发现,你根本不用费心控制饮食的分量,因为你的身体自然会用逐渐浮现的饱足感提醒你:差不多饱啦,该放下筷子了。

面对繁杂的工作,请静下心,专心列出待办事项,然后依照顺序一次专心做一件事。你会发现实际上花费的时间比想象的还要少,而且因为你专注在一件事情上,不仅不会把力气花去担心其他事,做起事来心情也轻松许多。

让放下成为一种生活态度

放下不是一门技术,而是一种生活态度。

多年前,我曾经陪伴一群在法院受保护管束的青少年到一所禅寺,进行为期数日的禅修活动。营队结束前一天,青少年们进行集体活动,我独自和连日来负责照顾我们的师父在寺中散步。

"师父,谢谢您这几天的照顾。这几天觉得内在平静许多,也觉得收获满满,只可惜好快就要结束了。"我对师父说。

"什么是开始?什么是结束呢?"师父笑着问我。

"啊?开始就是开始,结束就是……结束?"虽然这几天在禅寺中听课、打坐,我已经稍稍能够适应禅寺的生活节奏,但对于这种不着边际的提问,我还是有些难以招架。

"你如何走路呢?"师父问。

"就……往前跨一步?"我有些困惑地回答。

"如何往前跨一步呢?"师父又问。

我回想这几天,陪伴青少年们体验的禅修活动,试着回应:"把脚跟抬起来、离地、往前跨,接着脚跟再次落地?"

师父露出充满鼓励的笑容,继续问:"很好。那你再想想看:在这些动作当中,哪一个是开始? 哪一个是结束?"

"脚跟离地是开始,脚跟再次着地是结束。"我很有把握地回应,仿佛逐渐抓到师父的提问脉络。

"那么,从你浮现抬脚的念头,直到脚跟抬起,这中间短短不到一秒钟的时间,哪一个是开始? 哪一个又是结束呢?"印象中师父笑得很灿烂,有些淘气,却又有些意味深长。

多年后再回想起当时与师父在禅寺大钟前的对话,依旧印象深刻。

原来,开始与结束是一体的。

没有开始就没有结束,眼前所见的结束往往也是另一个开始的契机。每一个念头、动作往往是开始,也是结束。

无论我们有多么想要,我们就是无法回到已经逝去的过去,也无法恣意跳到尚未到来的未来,我们能够把握的,只有当下,此时此刻。

专心享受眼前的美食,专心与身边的人相处,专心处理手边的工作,当然,也放松地好好享受你的休息时光。把心思从过去与未来拉回当下,心就能拥有更多的空间,让你过得更自在、更放松。

第15章　学习满足

　　每一个夜晚,你希望陪伴自己入睡的是自责、悔恨,还是满足与幸福呢?

　　生活在紧凑又忙碌的时代,许多人都有睡眠障碍的困扰。由于身心压力与情绪状态经常是影响睡眠质量的重要因素,所以每次听到类似的抱怨,我都会问:"躺在床上的时候,你都在想什么呢?"

　　得到的答案不外乎是:"想到还没做完的事情,压力就很大""想到明天还有好多事情要做,就觉得很烦躁""觉得自己今天有些事情没做好,很懊恼""总觉得永远都没有可以好好放松的时候"。听到这些熟悉的响应,我自己也心有戚戚焉。因为有好长一段时间,我也深受这些严格的内在对话所苦。

过度的自我要求

　　一直以来个性急的我,总喜欢把每天的行程排得非常紧凑,事情一件接着一件。那时候的我几乎把自己当成机器,在两件事情之间也没有预留任何喘息的空间。

　　从事心理咨询的工作,我对自己的要求极高,铆足全力准备每一场演讲,固定时间产出心理健康文章,答应别人的工作从来不拖延。面对每一场演讲，我宁可提前到现场等候听众，也不愿让听众等我。我认为把事情做到尽善尽美，是一个成熟的工作者最基本的自我要求。

但是事情排得太满的结果，就是有些做得不够好，有些根本做不完。

于是每天晚上躺在床上时，我总是后悔事情规划得不够好，自责还有些事情没做完……

自然入睡前的心情不会好。

可是，我并没有意识到自己对于工作与时间规划过度完美的苛求有问题，反而严厉地责备自己能力不够好，要求自己还要更努力地将事情做得更完美。然而这种严厉的自我要求，让我有好长一段时间陷入挫折和低潮的状态。

在结果之外，还有很多重要的事物

为了摆脱这种过于严苛的自我要求，我开始练习反向思考：每天晚上睡觉以前，鼓励自己写出三件"今天最满意的事"取代"没有做好的事"，希望借由调整过往负向的评价，改以正向的观点欣赏自己，缓和焦虑的情绪。

我写的内容类似这样：

●今天走了一万步。

●今天终于去了一间没去过的餐厅用餐。

●今天新书进度写了三千字。

持续了一阵子在睡前写下三个当天确实做到的事情,可是不知道为什么,心情并没有因此变得比较好。

静下心来思考后,我突然发现了原因。

原来,当我关注行为的结果时,我依旧是在评价自己,在这种换汤不换药的行为模式下,虽然我提醒自己有表现好的部分,但也依旧挂念着其他没有做好的事,担心明天的事情是否也能做得像今天一样多、一样好。

想到这里我才觉察到,我太习惯以行为的结果来评价自己:表现得好、事情做完了,才能肯定自己。那么,如果事情做不完,或者今天做得没有比昨天好,我又会陷入负面的情绪。

所以,如果希望让自己过得比较轻松、快乐,只是从结果来评估今天的生活,显然也不是一个很有效的方式。

后来我试着在回顾今日满意的三件事时,做一些转变,心情就有大幅的转变。以前述的三个例子来举例,我的调整是:

●感谢自己,今日在忙碌的工作中还能坚持运动的习惯,走了一万步。

●今天吃饭是新的体验,不仅造访了没去过的餐厅,点餐的方式也很有趣。

●今天在写作的过程中,我很专心,在过程当中也很享受。

重新审视这三件事,我关注的焦点不全然放在评价行为的结果,而是对于做这件事情的过程感到满足。

学会满足,正能量自然就会产生

基本上,我一整天的生活规划没什么不同,也经常处在忙碌状态,但我只是调整并练习看待事情的观点:不只是关注结果,也提醒自己重视过程。好比说:

●我不再只是斤斤计较走了多少步,或是有没有达到某个目标(甚至有无打破纪录)。

●我开始感谢自己愿意在忙碌的生活中,坚持有利身心健康的好习惯。

●我不只是关注去了哪一间餐厅、在某一个新地点拍照打卡,而是用心体验一个新的环境,体验新的点餐方式,并且享受用餐的过程。

●我不是汲汲营营于写了多少字数,而是享受在写作过程中的专注、宁静,以及美好。

感谢、欣赏,以及全然投入在某一件事情的过程本身,就能为自己带来正向的感受。也因为不需要做任何比较,所以不太会产生失去或受挫的情绪。

事实上,结果往往只是行动的面向之一,如果能够欣赏过程中的坚持、投入、勇敢、善意,并且把注意力放在过程中的体验与享受,看待自己的眼光就不会只着重在做得好不好这种单薄的结论上。

依据这个原则,从现在开始,你可以练习这样欣赏自己与生活:

● 以"虽然有点辛苦,但能够把三层楼都打扫完的自己,很有毅力"取代"我今天打扫了三层楼"。

● 以"今天去提醒邻居的自己,还蛮勇敢的"取代"我今天有去告诉隔壁不要把车停在我们家门口"。

● 以"今天享受了新鲜丰盛的食材,吃饭的过程很有趣,也很放松"取代"今天去吃了昂贵的顶级海鲜火锅"。

● 以"我有认真思考如何突破工作"取代"今天的进度只达成一半"。

● 以"我有试着把想法说清楚,而不只是生气骂人"取代"我今天跟另一半吵架了"。

● 以"把乘客遗失的皮包送到警察局,我喜欢自己见义勇为的行动"取代"我的行为害自己上班迟到了"。

你发现了吗？前面引号中关注的就是过程,而后面的引号则是过往我们所熟悉的结果。

虽然生活中无法完全避开某些令人难受的事情,例如与另一半吵架、上班迟到,但是当你能够把注意力放在行为的过程,并且欣赏过程中的自己,就不至于让负面情绪无限延续、扩大。

或许,我们无法对每一件事情感到满意,却能学习对每一天的生活感到满足。借由这种观点,看见的未必是最好的自己,却能够让你打从心里更喜欢自己。

超越结果才能让生活更自在

我知道,无论是生活还是工作,我们已经太习惯用各种结果来评价包含自己在内的一切。面对现实中的考试、求职、升迁与加薪,我们的确不可能完全不在意结果。

结果经常是在比较中才能凸显出相对的价值。而且只要有比较,往往就会有人感到失落、受伤。相对地,满足是一个人在转换观点之后,就能从内在孵化的正能量,无须与他人竞争或比较,就能帮助自己过得更健康、更快乐。

倘若这个时代的环境如此严苛,我们愿不愿意试着在生活中为自己开辟另一个空间,在这个空间里,试着欣赏自己在过程中的投入,感谢自己在结果之外的努力、坚持与善良,专心享受在某些你所喜欢的事情当中呢?

学会满足,才能让生活过得更幸福。

第16章　重新找回内在的平静

2009年,法鼓山创办人圣严法师因病过世。

过世前,曾经有人问他:"师父,面对即将到来的死亡,您如何处理内在的恐惧与担心?"

圣严法师温和而坦然地回答:"我把健康交付给医生,把生命交托给上天,所以我没有什么事情了。"直到生命的最后阶段,他依旧维持着规律的作息、禅修、布道。

初次听到圣严法师说出这一段话的时候,心里着实羡慕他的豁达,也佩服他的勇气与智慧。

之后慢慢地我才感受到,这句话的背后有一股好大、好大的力量,这股力量叫作平静,一种无论是面对盛世太平还是风雨飘摇,都能够泰然处之、做该做的事、如如不动地活在当下的内在素质。

快乐是短暂的

比起平静,大多数人比较熟悉也比较渴望的,应该是快乐。

以前还在教育局担任约聘心理师的时候,无论那一个月的工作多或少,就是领一笔固定的薪水。上班时经常想着假如有一天能自行创业,接多少案子就可以领多少钱,那样的生活该有多自由、多快乐？

后来我真的离职去创业了，起初因为工作量较少，经济上经常觉得有压力，不免怀念起过去那种无论做多少工作都有同样薪水可领的生活，那是否才是真正的快乐？创业几年之后，常常今年还没过完，明年的邀约就已经排满了。有时候，在深夜返家路上又会想要赶快把手边的工作做完，期待下一次假期快点到来，总觉得放假才是快乐的。

于是我开始困惑：此刻的工作与生活模式都是以前的我期待的，为何现在我仍想着要去做另一件事，或者达到某个目标才会快乐？那么到底什么才是快乐？

我遇过很多人，他们总认为生活必须充满快乐，才是健康、理想的状态。所以他们安排旅行、购物、装修、吃美食、看电影、露营……做这些事情的时候心里应该是很快乐的。但是在现实生活中，我们不可能每时每刻都在做这些有趣的事，总得要面对工作、不喜欢的交际应酬、大大小小的突发事件、房贷车贷各种贷款、孩子的教育问题等令人烦心的事。

身为一个连买一杯星巴克咖啡都要考虑许久的平凡人，虽然我没有体验过所谓富二代的生活，但我相信在他们外表光鲜亮丽的生活背后，肯定也有许多不为人知的烦恼。

快乐是一种相对于不快乐的状态，本质上是短暂的。假使生活中的一切都如你所愿、都到位了，你才会感到快乐，一旦这些东西稍有变化、不如你意,眼前的快乐就如梦幻泡影般破灭。令你快乐的事情会有消退的时候,生活中也一定会有令你不快乐的事情发生,在那些时刻,我们就不会是快乐的。所以希望自己永远快快乐乐其实是不切实际的期待。

平静是带来稳定的力量

平静既不是快乐,也不是不快乐。平静是一种沉稳的内在状态,让你在面对各种情境时,内在都保持平稳、安定的感受。

什么时候会拥有平静的感觉呢?

有时候是在完成了一件充满挑战的任务之后,有时候是身处心旷神怡的大自然里,有时候是与亲爱的家人相处时,有时候是在虔诚地向信仰的宗教祷告或禅修时,还有些时候,我们是在无意识的情况下体验到这种心境。人们在平静的状态里感觉到别无所求、能量充沛、心安但不亢奋,身体或许疲惫,内心却是满足的。大多数人在生命中,多多少少都曾经历这种体验。

不过,大多数人对平静有个普遍的误解,觉得平静是一种没有情绪起伏、了无生趣的状态,感受不到任何开心与不开心。人生过成这样岂不是枯燥无味吗?

事实上,对于内在平静的人而言,他们也能享受快乐的感觉,但不阻碍快乐的消退;他们也会受到负面情绪的冲击,但并不抗拒负面情绪的到来。我的网络社交平台粉丝页上有一位朋友对平静描述得很贴切：

　　平静是一股温柔而坚定的力量。就像承受海浪冲击的岸边礁石，不论是大浪来临，或是风云安定的日子，它有一股自信，波光粼粼矗立岸边。

　　快乐与不快乐都是自然的情绪，即来即往，我都能感受它，也学习接纳它。谢谢有情绪感受的存在，让我更能照顾好自己，这是我心里的平静。

　　生活中，无论正向或负向的情绪经常来来去去，你无法全然决定情绪的状态，但是平静可以让我们如如不动地处在当下，如实且细致地感受它们的到来与离去。

　　不知道你有没有观察到，有些人虽然工作忙碌、肩负重大的责任，却鲜少在他们身上看见疲惫不堪、慌乱匆促的样子。有些人即使生活面临挑战，有时也会听到他们喊累、想休息，却不曾看见他们因为情绪化而失控的行为。有些人塞在看不见尽头的车阵中，依旧心平气和地握着方向盘、稳稳踩着刹车，没有恼怒、没有咒骂，就只是安定地处在当下，等待前方的车辆再次前进。

　　他们肯定都感受到了当下的负面情绪，但平静让他们的内在撑出一个更大的空间，涵容各种浮现的情绪，不至于被情绪击垮。因此，拥有平静就如同成为情绪的主人，掌握情绪表达的能力，不被情绪所奴役。正如同圣严法师面对生死攸关的重大议题时,依旧能够轻轻提起,轻轻放下。

找回内在的平静

平静是人们与生俱来的内在状态,只是我们在成长的过程中,不自觉遗失了这美好的能力。因此,我们不需要用力往外索求,而是重新回到自己的内在去寻找。

好消息是,我们的确可以通过练习重新找回这一份珍贵的能力。这本书的每一个篇章,都是在陪伴你练习找回内在的平静,而这些策略不需要你去改变外在环境、购买额外的产品,甚至不需要等待什么良辰吉日的到来,最重要的是你的意愿,只要你愿意,无须任何人的允许或协助,随时随地都可以陪伴自己练习找回内在的平静。

不过,千万不要心急。再怎么有效的策略,都需要持之以恒地练习才能奏效。请记得:短暂的练习可以带来短暂的状态改变,但那只是暂时的效果;唯有持续不辍地练习,才能累积成稳定的心理素质。

练习内在平静的三种模式

现代的电子产品大致上有三种充电方式,分别是:超级充电、一般充电,以及通过太阳能来进行缓慢但持续的涓流充电。这些充电方式也可以用来形容我们练习内在平静的方法:

超级充电

现代生活有各种心灵成长课程,这几年也有很多人喜欢为自己安排一段时间到禅寺参加静修营。通过讲师的带领与众多同学的共同学习,让你在短时间内获得想法上的改变,并帮助身心达到放松的效果。这种短时且密集的学习方式比较像是技术新颖的超级充电。

不过,我们毕竟要兼顾生活与工作,无法频繁参加课程。假如离开课程后没有持续复习、练习,课堂上的学习和体验,很快就会还给讲师了。

一般充电

阅读的时候,我们一方面透过书里的内容与自己对话,产生想法上的变化。一方面借由练习书中提供的策略,来帮助自己达到放松身心的效果。这个过程必须由你自己来消化、体验,达到融会贯通,速度可能不如他人的引导来得快,所以称为一般充电。即使如此,借由规律的阅读与练习,能够在日常生活中持续陪伴自己做练习,长时间累积下来的成果是不容小觑的。

涓流充电

之所以努力阅读与练习,都是为了提升生活、工作或人际关系的质量。当你刻意提醒自己将所学运用在日常生活中,时时刻刻对自己的内在保持觉醒的态度,正所谓从知道到做到,让日常生活成为时时修炼的道场,如此一来便能贴近生活即修炼、修炼即生活的境界。

当生活与修炼的界限逐渐消失之后,你就像是拥有太阳能充电的功能,每时每刻都维持在虽不明显、却持续提升电量的状态。

起初,我们很难捕捉到每一个掠过心头的情绪,时不时就可能被情绪所扰动,这是很正常的现象。慢慢地,你会对内在的情绪越来越敏锐,也更能觉察是哪些因素引发了你的情绪反应,甚至可以掌握自己的情绪变化历程,提供给这些情绪一个暂时停留的空间,然后进一步思考:我的内在发生了什么事?我可以如何表达情绪? 如何表达才不会让事情变得更糟糕?

当然,你不需要(也不太可能)每一刻都保持如此清明的状态,但只要多数时刻可以拥有这样的能力,就能够大大改善你的情绪质量,帮助你在各种状况下,身心都能处在相对稳定的状态。

从学习的效率高低来看,结果可能依序是:超级充电→一般充电→涓流充电。但若从学习的成效大小来看,往往是:涓流充电→一般充电→超级充电。

所以请不要低估自己在日常生活中所投入的努力,持续练习,一定可以帮助自己逐渐找回内在的平静。

第17章　接纳自己

你不需要活得完美，但可以让自己活得更完整。

你曾经因为类似的情境感到困扰吗？

● 明知道对方没有恶意，但他的一句话却让你感到痛苦，久久难以平复。

● 明明对方表达不介意、没关系，你却依旧感到自责、困窘不已。

● 在某些情境下觉得吃亏、受伤，却因为当下没有做出适当响应，后续对自己感到生气、愤怒。

事情已经过去了，我们的情绪还过不去。很多时候，就连事件相关的当事人也早就离开你的生活，但那些残留在生命中、挥之不去的负面情绪却紧紧跟随着你，成了引发负面情绪的压力来源之一。

假如你想从这些已经过去的事件中讨回公道、为自己辩解，往往徒劳无功。因为你是用当下的力量，去处理存在于过去的事件。

"阴魂不散"的老旧情绪

曾经有一个学员在课堂上提到,小时候因为偷家里的钱去买玩具,回家后被父亲发现,父亲盛怒之下一手揪住他的头发,一手用力扇了他好几个巴掌,然后将他锁在家门外,命令他把玩具退回商家,把钱要回来。

当时的他站在家门口,心里满是困窘。一方面觉得去退钱很丢脸,却又害怕不照做就无法进家门,会被父亲罚得更重。后来他硬着头皮,带着布满红肿巴掌印的双颊,抓着玩具回商店退钱。退钱的过程并不顺利,因为老板坚持包装盒拆开就不能退货了。当时店里还有一些长辈在聊天,好几双目光紧盯着他红肿的脸颊,有人带着嘲讽的口气追问他被打的过程,还有人说他是坏孩子,被打是活该。

这件事情成了他生命当中一个羞愧的印记,虽然他不喜欢被处罚,但是他却更讨厌那一个被甩巴掌、关在门外、被大家取笑的自己。

多年后,他为自己争取到薪资优渥的工作,并逐步升上公司高级主管。他经常捐钱做公益,也利用工作之余担任志愿者,服务弱势群体,成了许多人眼中的热心青年。但是他依旧不喜欢自己,他经常想起过去那个因为偷窃被处罚、羞辱的小男孩,也觉得自己一定无法成为称职的父亲。他的注意力一直被困在过去与未来,无法安然活在当下。

虽然他知道自己已经长大了,不会再有童年脱序的行为,但他感到纳闷:为何那一段记忆中的羞愧、自责、自我否定的负面情绪,始终阴魂不散?

情绪有两个层次

我们可以通过两个层次来认识情绪。第一层次的情绪通常是由某些刺激所引发的,属于普遍且自然的反应,多数人面对同一件事情时可能会有相似的情绪,随着时间过去,情绪的强度也会逐渐减弱。好比说:

● 一个人因为分手而感到寂寞、失落。

● 学生因为考上第一志愿兴奋不已,在同学面前表现出开心的状态。

● 因为要上台报告业务内容而焦虑到彻夜难眠、食不下咽。

● 因为对方太晚回复信息感到担心。

第二层次的情绪则是由第一层次的情绪衍生出来,也就是关于情绪的情绪,通常与个人解读情绪的观点有关,包括你如何看待某些情绪,以及浮现这些情绪的自己,而这种情绪未必会因为时间的流逝而减弱。好比说:

●一个人因为分手而感到寂寞、失落,却又觉得有这些情绪的自己很没用,所以对自己感到生气、丢脸。

●学生因为考上第一志愿兴奋不已,在同学面前表现出开心的行为,但紧接着对于自己在落榜的同学面前表露开心而感到羞愧。

●员工因为要上台报告业务内容而感到焦虑,却又因为这一份焦虑而否定、责备自己。

●因为对方太晚回复信息感到担心,并且产生不被对方尊重的猜测,引发愤怒的情绪。

前面提到那一个偷钱被父亲逮到的小男孩,被处罚的当下感到羞愧与恐惧属于正常的情绪反应。但是他对被处罚、嘲笑而感到羞愧的自己的负面评价却引发后续更强烈、更持久的负面情绪。

恼羞成怒也是一个典型的例子。做错事情被纠正本来就会有羞愧的情绪,假如你能够承认自己的确做了某些不适当的行为,接纳自己偶尔会犯错,提醒自己下次要多留意一些,这个羞愧的情绪就会慢慢退去。倘若你把别人的纠正当成一种诋毁,也对于被纠正的自己感到丢脸,这股不舒服的情绪就可能逐渐酝酿,然后化为怒气,进而攻击别人或自己。

又好比说,有一位女性提到当她关心先生时,对方以不耐烦的语气回复,让她感到快要崩溃。虽然她知道先生一直以来就是这样,这与他的原生家庭互动方式有关,但理解归理解,对方的态度总是让她难受好几天。

其实对多数人而言,对方的语气和态度的确会影响我们的心情,但是何以她的情绪如此强烈而且持续的时间这么久?我在与她对话的过程中发现,原来当先生响应的口气不佳时,她会立刻连结到自己是一个没有价值的人,觉得一定是自己不够好,所以别人才会这样对她说话。而这些觉得自己不够好的想法,往往来自童年被重要他人对待的方式,这种想法一直伴随着她成长、踏入婚姻。

从这些情境中可以发现,让负面情绪无限延伸的正是第二层次的情绪。

由于第二层次的情绪是通过解读事情的观点而来,而这些观点通常携带着自我否定的声音,以至于我们无法接纳自己。假设观点没有改变,无论事过境迁多少年,这些负面情绪非但永远不会消失,还可能持续扩散到生活其他面向。

接纳,才能活在当下

我要如何放下过去,不让过去的情绪影响现在的自己?关于这个问题,或许你唯一需要做的事情就是学习接纳自己。

接纳是指承认并接受某件事情的确发生过,但不需要加以评价或分析。就只是单纯地知道就好。

承认曾经做过某些让自己后悔的决定,承认某些决策的确让自己受苦,承认某些事情让自己难受,承认事情的结果与自己的期待不同。知道有这些事情的存在就好,但不需要对自己大肆挞伐、批判。

这些对内的攻击除了会给自己带来无以复加的痛苦之外,也让你困在过去的事件里,并且对未来感到无望,没有任何正面帮助。

假如希望避免重蹈覆辙,你需要的不是攻击自己,而是学习反思:承认并检讨过去的行为,觉察自己的盲点,并且探索更适当的行为方式,如此才能专注当下,过好眼前的生活。

过去的都已经过去了,未来的也还没有到来,我们可以把握的其实只有当下。

接纳,也是与自己和解

回到那位被困在童年记忆里的学员。

参加纾压工作坊之后,他写了一封信给我。信里面提到某天晚上他做了一个梦,在梦境中与小时候被关在门外的那个自己相遇。

他蹲下身子,用消炎软膏帮小时候的自己轻轻涂抹红肿的脸颊,并且牵着他的手去向店家道歉,把钱拿回来。回家路上,他买了两支巧克力雪糕(从小时候到现在他都喜欢这个口味),陪伴眼角还有些泪水的小男孩,肩并肩坐在公园的长凳上吃雪糕。

看着身旁那个睫毛修长、开心地吃着雪糕的小男孩,他心里困惑:他怎么会偷钱去买玩具呢? 他到底在想什么?

几乎就在同时，小男孩转头望向他，用稚嫩的声音问他："你这几年心里是不是很难受？"

他愣了一下，不知道该怎么响应。

"对不起，我不应该偷钱的，害你过得这么辛苦。"小男孩低下头。

他听着小小年纪的自己这样说话觉得有些心疼，轻轻地摸摸小男孩的头。

小男孩有点好奇地问："那你现在还偷钱吗？"

他忍不住笑了出来。"没有啊！我现在很努力赚钱，想要的玩具直接用买的就好。然后我去陪伴很多小朋友聊天，给他们上课。"

"哇，好厉害呀！你怎么办到的？"一双水汪汪的大眼骨碌碌地望着他。

他向小男孩分享了自己后来的成长与改变，小男孩充满兴致地听着。

听到一个段落，小男孩将小小的身躯轻轻依偎着他，对他说："现在的你真的不一样了，你会反省自己，不仅很照顾家里，也成了一个愿意帮助别人的大人。所以你不要再对自己生气了，好不好？"

听到这一段话，他顿时湿了眼眶。

"没事的，你做得很好呀。你是很棒的大人，你也值得被鼓励哦。"小男孩说着，从口袋掏出一颗汽水糖果给他。

他接过糖果，拥抱那一个天真的小男孩。

那一天清晨醒来以后,他发现自己睡了很沉、很沉的一觉,已经好久没有如此放松的感觉。一直以来乌云满布的内心,似乎也绽放出些许阳光。

在信件的最后,他与我分享一句话:你不需要活得完美,但可以让自己活得更完整。

很多时候,无法从过去的事件当中放过自己的人,其实就是我们自己。假装这一切没有存在过的代价,就是得耗费很大的力气去掩饰、伪装,使生活变得战战兢兢。接纳并不等于欢迎事情发生,而是正视并承认那些我们曾经做过的事,以及发生在我们身上的事。知道就好,但无须贴上任何标签或评价。

练习这样提醒自己:行动、情绪、过去曾经发生的事情……都只是生命中的一部分,但不完全等于我这个人。此刻的你,也可以选择把力气投注在对你自己、对他人更有益的决策与行动上。

第18章 减法生活

你对这些日常生活的情境是否有些熟悉:

●新买的鞋子摆不下了,就再买一个更大的鞋柜来放。

●网络速度不够用了,就花更多钱升级更大的带宽。

●工作压力太大了,就去购物、吃美食、买按摩椅。

●看到正在打折的商品,不管用不用得到,就想要放几个到购物车。

●时时督促自己:不可以满足现状,好还要更好,要持续追求卓越。

觉得生活有哪些地方不太满意,就去找一些事情做,买一些东西,增加一些什么,努力让生活变得更像是自己所期待的样子,这就是典型的"加法生活",也是多数人习以为常的生活模式。就如同玩跷跷板,每次失去了平衡,就往另一端多加一点重量,重新取得平衡。你觉得这一切理所当然,然而长时间累积下来,跷跷板负荷的重量却越来越沉重。

想要的，往往多过需要的

从小，我就梦想拥有一间专属于自己的书房，里头有偌大的书柜墙，摆放满满的书籍、漫画、公仔与模型，想象自己在里面优雅地阅读、听音乐。努力工作多年之后，我真的实现了这个梦想，我在自己的房子里打造了一间小时候梦寐以求的书房。全盛时期，我的书房里有将近两千本藏书，还有许多小时候很想拥有，却不敢开口向父母要的积木和模型。

然而这个梦想才维持没多久，差点儿就变成一场噩梦。

2016年2月6日清晨，台湾南部发生一场严重的地震。当天晚上我在书房里看书看到睡着了，一阵阵剧烈的摇晃将书架上所有东西散落满地，过程中我几乎就要被倒塌的书架与大量物品活埋，我狼狈地逃出了书房。

隔天一早，当我走进满目疮痍的书房才发现：散落满地的书籍中有许多我根本未拆封，有些是重复购买，还有些我根本想不起来当初为何而买。

我们从小就在加法生活中长大，努力取得更高的学历、薪资更高的工作、扩大交友圈、增加身上的头衔、换更大的房子与车子、累积更多的存款……只要能够拥有更多，好像就等于生活得更好、更安心。

拥有优渥的生活条件当然很舒服，但仔细想想：你真的需要这么多资源吗？

住在拥有好几个房间的房子,每一间房间都会经常使用吗? 鞋柜里这么多双鞋子,真的每一双都有善加利用吗? 你有善用辛苦赚来的财富,让自己的身心更健康、情绪更稳定、生活更自在吗? 好不容易才入手的顶级手机,真的有比前一部手机为你解决更多问题、带来更多便利吗? 你的事业成就,有为你创造富庶的心灵,建立更真诚且互相关爱的人际关系吗?

假如答案是否定的,或者虽然这些成就、财富的确带来某些不错的生活质量,却牺牲了更重要的健康、人际关系、自由或意义感,那么你觉得投入这么多的生命与力气追求"多还要更多",真的值得吗?

舍弃,是艰难的功课

再回到那个地震过后惨不忍睹的书房。

当我要整理房间的时候遇到一个困难。我从地上捡起一本许久未翻过,甚至毫无印象的书,本来想放进回收的纸箱,但随手翻了几页,心里却浮现犹豫:还这么新就要处理掉,太可惜了吧? 会不会哪天又派上用场? 封面很美呀,先摆着吧,就算用不到,至少看起来赏心悦目。想着想着,就保留下来了。

就这样,我独自在房间待了好几个小时,翻遍了散乱在地板上的每一本书,最后却连一本书都没有清理掉。

许多人在生活中也有类似的经验:

●每当你想要清掉一件许久未穿也已经穿不下的衣服时，内心总会说服自己：嗯……再过几个月我一定会瘦下来，那时候就可以穿了。

●明明想回绝某个自己不喜欢的请托，却又担心会因此失去朋友。

●因为担心错失某些新闻或信息，所以整天盯着屏幕，放不下手机。

●房间里堆积许多当初不知为何而买，并且许久派不上用场的东西。

这种难以舍弃的行为，反映出个人内在不清楚自己到底需要什么，以及不知道什么对自己才是重要的困境。这也意味着，我们丧失了从许多事物中筛选出对自己真正重要的东西的能力。

用减法生活来提升生活质量

加法生活致力于满足欲望，减法生活则是探索需求。前者专注在想要的层次，也就是所谓的欲望，而后者则是更深入地倾听内在的需要，亦即真实的需求。

人类可以有无限的欲望，但生活中的时间与空间却是有限的。

你选择在家里堆积更多东西，能自在活动的空间就越少；你选择满足更多他人的期待，能够留给自己的时间就越少；你选择事事在意他人的评价,能关注自己的力气就更少;你选择投入在工作的心力越多,能陪伴家人的能量就越少。想要减少生活中的压力、节省不必要的花费与力气,就要探索自己真正的需要、减少不必要的想要,如此才能为你的生活环境、时间与内心腾出更多的空间。

偶尔满足内在的欲望是很棒的享受,好比说:小时候动用存了好久的零用钱去买一本新出版的漫画;等了一星期才终于看到的心爱的影集;阶段考试过后跟好朋友一起去看一场电影……

倘若感到有欲望就想尽办法满足,不仅无法延宕也无法筛选,就等于是被欲望牵着鼻子走。有些人明明手机才刚换没多久,功能齐全、运行速度还很顺畅,但只要得知新款手机发布的信息,就非得跟上最新型号。现在的手机动辄上万元,即使这笔花费已经造成生活上的负担,还是觉得非换不可。诸如此类的欲望在生活中可能会越来越多,我们也在无形中被自己的欲望绑架。

加法生活还有一个不容小觑的破坏力。由于我们总是渴望拥有更多、想过得更好、想变得更优秀,这种渴望同时也暗示自己是匮乏的、不够的、不好的,因而让我们感觉到生活总是有所欠缺,无法停下脚步好好享受当下拥有的生活,并且不断鞭策自己更努力。当你的内在经常处在匮乏的状态里,就注定与放松及幸福的感觉渐行渐远。

十九岁那一年,我曾经以社工实习生的身份访问过几个家庭。他们的经济状况都比一般的家庭糟糕一些,几个孩子挤在一张餐桌边写作业，一家人挤在同一个小空间里吹着功率不足的老旧窗型冷气，从学校或机构带回来的餐点分成几等分分给全家人一起享用。但是他们相当珍惜并善用拥有的物质，孩子各方面的表现良好，父母也努力在有限的能力下尽所能维持家庭生计。生活虽然过得辛苦，家人之间的感情却是紧密、和乐的。

练习只留下重要的人、事、物

减法生活并不是随便舍弃，也不是把东西全部丢掉，或是切断所有人际关系从此离群索居；另一方面，减法生活也不是都不买东西，或者不追求任何目标、理想。

减法生活的精神是：学习倾听内在的声音，探索自己的需求，然后练习在生活中留下对自己真正重要的人、事、物。

后来我下定决心，凡是两年内完全没有阅读过或重复购买的书籍，一律出清（卖到二手书店、捐给图书馆或送给回收业者）。就这样，我一口气清掉大约一千三百本书，整个房间顿时整齐、清爽许多。后来我更为自己立下想要买几本书之前，就要先出清几本书的购书原则。

从那时候到现在已经过了好几年，过程中偶尔会有一两本书需要用到时却发现卖掉了，但遇到这种状况时，大不了再去二手书店买一本回来就好。整体而言，不仅因为房间变得整齐而感到神清气爽，工作上也没有因为清理掉这些书变得不方便，甚至因为书柜上的书减少了,所以可以很快找到需要的书,节省不少找书的时间与力气。

我曾经疑惑过:如此热爱买书的我,为什么后来书柜没有恢复到原先那种爆满的状态?

原因是:实行减法生活之后,我在每一次买书之前都会认真思考这本书对我的重要性与实用性。真正重要的、必须用到的就购买,使用完毕后假如觉得再也用不到了,就卖给二手书店或捐给图书馆,卖书得到的钱又可以让我购买下一本需要用到的书。这种过程就很像人体内的新陈代谢,有进也有出,需要的就留下,不需要的就排出去,让自己的生活维持在一种流动顺畅的状态。

只是一个减少书柜上书籍存量的动作,不仅让精神变得更好,也提升了工作效率,腾出更多生活空间。而这种动作并不局限在物质,也可以落实在人际关系、内在的欲望或信息恐慌症等方面。

在下一个章节中,你会开始学习留意自己的欲望,并且练习如何放下这些让我们既执着却又感到沉重的东西,重新为自己打造自在放松的生活。

第19章　放下我执

性格温和且孝顺的好友罕见地与年迈的父母大吵了一架,导火索不是什么惊天动地的大事,而是吃饭这一档事。

父母亲因为节俭的习惯使然,这一餐没有吃完的菜肴就放进冰箱里,等到下一餐或隔天吃饭时,就顺手把冰箱里没吃完的食物拿出来加热(经常会再加入一些新食材),再次端上餐桌。看似日常的现象,为什么会让他看不过去呢? 因为他发现父母总是先吃隔餐加热的食物,结果现煮的东西反而吃不完,于是又再放进冰箱,下一餐拿出来优先食用,就连他买了父母喜欢的美食回家,也是同样的结果。长年下来,冰箱一打开就飘出闷臭味,父母也经常抱怨胃不舒服,但依旧不愿改变这种习惯。

为什么放着新鲜的东西不吃,宁愿每一餐都吃不新鲜的东西?他深感心疼与不解。

减法生活的核心是放下我执

用不到的东西舍不得丢掉;不喜欢的邀约不敢拒绝;明明就很勉强却还是想要满足他人的期待;根本就不缺的东西,只不过因为优惠活动而忍不住购买的冲动……面对这些内在的拉扯,每一个人都有许多"没办法,因为____"的理由,这些理由不一定合乎逻辑,当事人却总是牢牢抓住、无法放下。我把这种现象称为"我执"。

什么是我执呢? 简单来说就是我们的主观意识,尤其是自己认同的内容,好比说,你认为什么是对(或错)的、重要(或不重要)的、有意义(或浪费生命)的、必须达成的、渴望满足的、极力避免的等等。换句话说,凡是你觉得非得要这么做才是对的或者不这么做就是错的,几乎都是我执。

不过,先别急着将我执贴上负面标签。

绝大多数的我执通常是因为在成长过程中,贡献了某些功能或好处,才会被我们有意或无意地保留下来。只是当它的力量过于强大、缺乏弹性的时候,我们的行动就不是仰赖充分的觉察,而是被我执所主导。

从这样的角度来理解,父母无法舍弃不新鲜的食物,是一种我执;友人强烈想要改变父母饮食习惯的念头,也是一种我执。当彼此的我执立场相左时,冲突于焉而生。在日常生活中,为数众多且难以觉察的我执时不时会跳出来,对我们产生莫大的影响。

我们可以透过两个步骤来练习觉察并放下我执:

第一步:觉察

静下心来,试着列出你所坚持的、难以放弃的执着清单,包括:想要买的物品、丢不掉的东西,以及抛不开的渴望、想法、人际关系,等等。

第二步:筛选

试着设定两到三个简单的标准,帮助自己从当中筛选出有哪些东西值得留下,以及哪些东西其实舍弃之后不仅对生活没有影响,甚至还有益处。

放下对物品的我执

用不到的东西却丢不掉,常常是基于好可惜的念头。

但仔细想想,明明能作为其他用途的空间却堆满用不到的东西,已经用不到的东西却囤积着(甚至放到坏掉)而不是送给有需要的人,是否更可惜?再者,照料或保养这些东西需要花费许多力气,拥挤的空间让你移动不方便或受伤,而把觉得丢掉很浪费(却已经不新鲜)的东西硬吃进肚子里,对身体健康也是一大隐忧。

有些人觉得可惜是因为舍不得东西最美的状态,好比说:服务生刚端上桌的美食;包装电子产品或奢侈品、印刷精美且八角锐利的纸盒;刚从精美的包装取出、一尘不染的全新衣饰。其实稍微回顾一下就会知道:除非你是美食博主,否则清除手机容量时,重复性高的美食照片经常是你优先清除掉的(顶多保留一两张);那些漂亮的外盒后来是否占据许多空间并布满灰尘?再怎么新颖的鞋子或包包也终究会逐渐泛黄。

新的状态只是暂时的,能够充分使用物品,等坏掉之后再买新的,才能让你的物品保持流畅的新陈代谢。

物品是拿来使用的,假如一个东西长年用不到,它对你的价值可能偏向心理或情感,而非实际功能。我习惯以三年作为划分标准,因为现代人的衣食无虞、生活脚步也很快,有些东西可能一年内都不太会频繁使用(例如某些服饰、书籍、家具)。但假如有个东西放在家中已经超过三年,在各种时节、重要节日,甚至日常生活中都派不上用场,那它实际的功能已经微乎其微(或许有少部分东西例外,但在这里就不特地着墨了)。

我会用两个步骤帮自己厘清物品状态(见下表):

清理		
第一步:写出想丢却丢不掉的东西	举例:•脚踏车 •买家电赠送的耳机 •周年庆时买的按摩椅 •有纪念性的礼物	
第二步:连连看	三年内曾使用过	三年内从未使用

这当中会遇到一种难以取舍的困境:有些东西虽然用不到,但是有纪念价值,就像表格里有纪念性的礼物这一项。这时候你可以练习思考:如何缩小这个礼物存放的空间?有些人会选择拍照存档,有些人会选择留下其中一部分,然后其他的部分就处理掉。

处理掉不是只能丢弃,也可以转赠他人或卖给有需要的人,让这些东西可以获得更充分的使用。请记得:纪念是一种心理的历

程,让重要的人、事、物在你心中留下重要的记忆,比囤积物品本身
更重要。

现在换你练习看看:

清理		
第一步:写出想丢却丢不掉的东西		
第二步:连连看	三年内曾使用过	三年内从未使用

放下对人际关系的我执

许多人之所以在关系里受苦,也经常是因为内在的某些执着:

● 想要让每一个人都喜欢我,所以极尽所能讨好别人。

● 希望别人可以听我的话,要求他人改变。

● 希望满足他人的期待或需求,所以委屈自己,不敢拒绝
别人。

● 因为害怕孤独,所以来者不拒。

当你把力气都用在讨好、满足别人,就没有力气好好善待自己;
当你期待别人可以顺从你、满足你的需求,就等于把决定情绪的权
力交到别人手上;当你因为害怕独处而对所有的邀约或人际关系来
者不拒,就会耗费许多力气在让你觉得不舒服的互动上。

人际关系是需要经营的,我所谓的经营,并不只是局限在成为一个让大家都喜欢与欣赏的人,更重要的是学习了解自己,以及探索自己适合与什么类型的人相处。

在人际关系中,我们之所以紧抓着这些让自己受苦的我执,有时候是来自害怕被遗弃的恐惧,有时候是从别人的顺从中感受到自我价值感,有时候是我们无法接受别人眼中那个不够好的自己。无论如何,强迫自己与这些不尊重你、让你感到痛苦、不自在的人相处,不也是一种对生命的损耗吗?

接下来,请你来练习厘清自己的人际关系:

人际关系		
第一步:写出10个你最常互动的对象	1. 3. 5. 7. 9.	2. 4. 6. 8. 10.
第二步:评估	耗能、紧绷	滋养、放松

这里的滋养是指相处的时候,能让你觉得自在放松、安全、被支持、被理解,甚至能够感觉到自己是一个有价值的人。耗能的人际关系则是充满批判与评价,你必须有所防备,觉得紧绷与担心,有时也让你感觉自己是一个没有价值、很糟糕的人。

练习在生活中刻意接近能让你感到被滋养、自在且放松的对象。至于那些让你觉得耗能与紧绷的人际关系,能够远离就远离,倘若无法避免接触，那就用最省力的方式与他们互动就好。

我有一个好朋友在归类人际关系时，采取一种最简单的方式。他说，当他看到手机屏幕显示某人来电时，假如内心瞬间浮现好烦，他找我干吗？并且不自觉翻白眼，别怀疑，立刻将他归类到耗能的类别。

放下对后悔的我执

后悔，是因为我们用现在的观点评价过去的决策。

你知道吗？就算是令你后悔的选择，也不见得一定是糟糕的选择。也就是说，你之所以产生后悔的情绪，有时候与你做了什么选择无关，而是因为你从负向的观点来做解读。

每一个行动都是一种选择，每一个选择也都会带来不同的结果。而后悔经常是因为你专注在失去的面向，好比说选择了高中，就一直幻想着读高职应该很有趣；选择当下勇敢表达自己的想法之后，又担心会被别人讨厌；选择今天去 A 地玩，就老想着 B 地会不会更好玩；选择这份工作，又心心念念另一家公司或许更值得投入。

假如你习惯这样解读事情，无论多么认真做选择，未来肯定都会陷入后悔中。因为你的观点是偏颇且局限的：只看见失去，却完全忽视获得的部分。

想要减少不必要的后悔，最好的方式就是择己所爱、爱己所择，认真选择，并且专心投注在自己的选择上。认真地活在每一个当下,试着从当下看见学习与成长。事实上,每一个行动可能会有失去,但往往也伴随着某些获得。无论这些获得是甜美的成果,还是令人受伤的磨难,你都能够因为这些经历而变得更加成熟。

后悔		
第一步:写出5个原本令你感到后悔的事件	1. 2. 3. 4. 5.	
第二步:评估	失去	获得

放下我执,才能拥有更多可能

回到友人家的餐桌上。假如他的父母亲能够放下吃不完等于浪费的信念,妥善处理剩菜,减少冰箱里隔夜食物的数量,不仅节能省电,也避免经常食用隔夜食物而影响健康。至于我的朋友,倘若他能尊重父母亲是独立且成熟的个体,虽然难免心疼与生气,但在善意提醒父母之后,以"我已经尽到为人子女的责任"来取代"你们必须听我的话"的执着,就能减少不必要的冲突。

善于放下的人清楚自己真正的需求,知道什么对自己是重要的,并且能够做出适当的选择。

放下对过去的悔恨与对未来的担忧,把力气用来处理眼前的事;处理掉用不到的东西,让生活空间变得更宽敞明亮;放下来自他人无尽的期待,专心做好自己能做的事;放下期待他人改变的念头,将改变的权力握在自己手上;放下拿自己与他人比较,优雅活出属于自己的精彩;放下那些吃不下却又觉得可惜的食物,让身体吸收健康且适当的养分,才是最理智的选择。

松开紧握的双手,才有机会抓住更重要的东西。

PART 4 / 起身而行

刻意放松，是带着意识去实践对身心有益的行动。
学习的目的，是为了从知道到做到。
一开始的行动总是最难的，
倘若能够从简单的行动开始，一天做一点点，
并且持之以恒，
就可以让正向效应如滚雪球那样，
为生活带来大大的帮助。

第20章　找回生活的掌控感

人们通常不喜欢处在未知或模糊的情境。

小朋友经常会问大人："等一下要做什么？等一下要去哪里？"大人在面对生活的困境时，往往也会不知所措。虽然真相令人害怕，但病人并不喜欢医生以模糊的方式响应病情，他们宁可医生清楚地说明病况、治疗的策略与药物副作用等。

长期处在未知的情况中会令人感到焦虑彷徨、无能为力，压力也相应而生。所以，人们会努力透过各种方式来获得掌控感。很可惜的是，我们经常是期待改变对方来配合、满足我们的期待。可是当你这么做的时候，往往会觉得更无力、更忧郁。

为什么呢？

我们总是习惯等待外在环境改变

有一回，在小区讲座时来了一对事业有成、已经退休的夫妻。他们有一个独生子，年届四十，已成家立业。儿子在事业上青出于蓝，担任某公司高级主管，年薪高达数百万。可是夫妻俩总觉得孩子一把年纪了，行事风格老是难以让他们放心，经常与孩子因意见不合而争吵，他们四处参加课程，希望改善亲子关系，于是我在课堂上邀请他们进行一段对话。

"你们期待改善自己与孩子的关系,对吗?"我问。

"对啊!"夫妻俩不约而同地回应。

"你们愿意接纳孩子是一个成人,与你们是不同的个体,会与你们有不同想法吗?"我问。

"当然可以啊,我们都很尊重他。"夫妻点点头,"但是……"

"但是?"

"我是觉得他想得不够周全啦。我们的人生经验比他丰富,足以让他作为借鉴,偏偏他就是不听。"父亲说。

"你们可以接受他不听你的建议,试着用他自己的方式试试看吗?"

"当然可以啊。"父亲又点头了,"但是……"

"但是?"

"我说你要试就去试,但是我保证你一定失败,到时候不要回来怪我们。"

"孩子怎么说?"

"他就不开心,不说话了。"

"你们喜欢这样的互动质量吗?"

"不喜欢啊。"这次换母亲回应了:"但是……"

"但是?"

"除非他愿意改变! 否则事情也只能这样。"

"那你们可以接受彼此都不改变,互动关系维持现状吗?"

"可以啊,他想怎样就怎样,我们没有关系。"

"看来,这是你们目前能够维持的状态了。"

"对啊。"母亲点头,"但是……"

"但是?"

"孩子变得不太愿意跟我们说他的想法啊……"

"那你想要为你们的关系做些什么吗?"

"要我们做什么都可以,"夫妻几乎同时说:"但是……"

"但是?"

"重点是要他先改变啊!"

谈到这里,现场一直认真倾听我们对话的听众,都露出了傻眼的表情。

我相信这对父母是真的关心孩子,也想要改善关系,但他们没有觉察到,虽然表面上付诸行动,到处参加讲座,但内在却是希望改变孩子,希望孩子符合自己的期待。孩子的行为牵动着他们的神经,也影响了他们的情绪。每一天,他们都处在期待孩子改变,却经常落空的负面情绪中。

换句话说,他们活在情绪由他人来决定、缺乏掌控感的生活中。

你愿意对自己负责吗?

关于停止想要改变别人的念头这句话,有些人或许会感到愤怒。因为他们觉得自己曾经被辜负、被伤害、受委屈,假如对方不需要改变,那么又有谁能来为这些难受的情绪负责?

我们总希望难受的情绪能够有个出口,所以我们责怪他人、环境、星座、运气……可是这些责怪除了让负面情绪获得片刻的释放之外,整体来说对生活没有什么益处。

享誉国际的生死学大师伊丽莎白·库伯勒-罗斯(Elisabeth Kübler-Ross)曾说过一段很有意思的话:"一个人重复在失败的关系里挣扎,就好比想要在五金店买到牛奶。就算你找遍了整家店,也不可能会找到的。"说得更直白一点,唯有停止重复无效的行为,才有可能获得成功的结果。

假使你经营一间小餐馆,餐馆的生意一直不如预期,追根究底之后发现,并不是因为你的厨艺不好,也不是价格太贵,而是因为你选择了一个人迹罕至、交通非常不便利也不容易找到的地点。倘若你希望餐馆生意能有起色,那么你必须负起一个责任就是:承认当时自己真的选错位置,并且鼓起勇气收掉店面,重新探寻更合适的地点。

假如你一直不满意目前的人际关系,很可能不是你对人不好,也不是缺乏人际互动技巧,而是你忽略了为自己设定适当的人际界限,以至于任何人都可以随意侵犯你的界限、向你提出各种要求。如果你希望改善现况,经营更舒服的人际关系,那么你就必须学习设立界限,学会拒绝,筛选合适的对象进到你的生活里。

假使你在目前的工作中觉得缺乏成就感,或许不是你不认真,也不是工作本身没有意义,而是薪资对你而言真的太少了,以至于无论你如何努力投入这份工作,老是得为沉重的房租、贷款、各项支出感到心力交瘁。想要改善这种状况,你必须认真思考开创副业,或者换一份工作。

我相信,问题或许不全然都出在你身上。可是如果你只是期待别人改变,就等于把决定生活质量的权力全盘交到别人手上。

假如你希望生活能够有所改变,期待从受困已久的窘境走出来,那么你应该开始试着这么思考:

● 关于这些事情,我能够为自己负责的是什么?

● 从此刻起,我决定让自己的生活有什么不同?

● 我期待能从自己开始调整的部分是什么?

虽然别人要不要改变,不是我们能够决定的,不过幸运的是,我们要不要改变,也不需要经过别人的同意。

● 假如你总是被某一件事、一句话、一个眼神所困住,引发难以平复的情绪,那么你是否愿意好好探索自己的内在到底发生什么事?

● 假如你总是觉得身体莫名不舒服,是否愿意找个时间接受妥善的检查,并且好好地检视并调整日常作息?

●假如你经常抱怨自己的体重过重,那么你是否愿意调整你的饮食习惯,减少(甚至戒掉)某些不利于健康的食物?

●假如你经常动不动就气喘吁吁、体力不佳,是否愿意拨出时间规律地做些运动,提升你的心肺功能与肌耐力?

●假如你的亲密关系充满指责、冲突,你是否愿意停下来检视自己的状况,找出能避免冲突(而自己也比较轻松)的应对方式,并试着练习呢?

这些行动都无关乎他人,而是你有没有为自己负责的意愿。

让自己成为涟漪效应的中心

世界上最难改变的人,就是别人。坦白说,我们也不欢迎别人想要来改变我们。

虽然我一直强调不要把力气花在企图改变他人上,不过也别低估了你对于关系或环境的影响力。我们在关系中虽难以改变对方,但却可以通过善的力量相互影响。

即使苹果公司设计出诸如 iPad(苹果平板电脑)、iPhone(苹果手机)等优秀的产品,也没有办法强迫你购买或使用,但他们借由革新的设计,带给使用者全新且深刻的使用体验,进而影响了人们对手机的想象和概念,最终圈粉无数,让许多人愿意省吃俭用,甚至彻夜排队抢购他们最新发布的产品。

又如近十年来蓬勃发展的便利商店,从业者无法强迫你一定要来消费,但是店内明亮的灯光、崭新且整齐的商品排列、多元化的服务与营销策略,都提升了人们前往消费的意愿,最终牢牢抓住消费者的心,成为许多人生活中不可或缺的一部分。

其影响之大,甚至会让许多原本习以为常的行为模式或传统店家消失无踪,重新建立起另一种截然不同的生活样态。

真正的改变必须发自内心、从内在启动,而不只是外在行为的调整。

假如你是老师或家长,肯定想要教给孩子更多正确且重要的知识,希望他们习得适当的行为举止。可是如果你只是发号施令,甚至严厉威吓,即使孩子表面上因恐惧而被迫调整行为,内心却充满抗拒和厌恶。某一天当我们不在孩子身边时,那些被压抑的行为很可能会变本加厉。

如果你能够直接以尊重的态度与孩子互动,以开放的心态陪伴孩子讨论,以适当的方式表达情绪,其实,你已经建立了一个最好的教育环境,进而影响孩子的身心发展。

假使你经常与伴侣(或孩子)发生冲突,纵使对方也不是一个轻易示弱或改变的人,当你调整了自己的沟通模式(就算只是在情绪激动时少说几句气话),都可能会减缓对方的情绪强度,进而降低冲突的频率。

过去你可能经常为了他人的事情焦头烂额，累得半死，倘若你愿意为自己设定适当的界限，在帮助他人的同时也学习适当的拒绝，或许别人可能因此不开心，但他们也会逐渐调整与你互动的方式，也减少你在关系中的负面情绪。

　　尝试做这些调整的目的并不是改变对方，而是努力成为自己更喜欢的样子。不过，假如你让自己持续往好的方向前进，在你周围的人往往也会受到你的正向影响而有所改变。

　　所以，以前的你可能经常抱怨为什么别人不改变，现在你可以开始学习陪伴自己思考我喜欢什么样的生活、我喜欢什么样的自己，如何行动或调整，可以让我往更喜欢的方向前进。

　　当你开始行动的时候，就等于把生活的掌控权拿回自己手上，你不仅开始学习靠近自己，也成了涟漪效应的核心，让正向的影响力有机会触及周遭其他人身上。

第21章　好好呼吸

如果让你随身携带一样帮助自己放松的小物件,你会选择什么呢?

从这一刻开始,我希望你能够记得:你有一套与生俱来、轻巧又强大的放松工具,那就是"呼吸"。假如你从来没有发现呼吸能够帮你放松,甚至经常忘了呼吸的存在,代表这个工具已经被你荒废许久。

现在,是时候让这个工具重见天日并被妥善使用了。

你有发现自己正在憋气吗?

我经常到一所学校与老师们谈话。教生物的陈主任很喜欢来找我聊天,几乎每一次都是最早预约咨询的人。

他说自从接了行政工作以后,每一天都感到"压力山大",所以周末都会固定去让人按摩。为他按摩的师傅经常摇头叹气地说:"唉,怎么每次帮你松开了,下一次见到你,身体又硬得跟石头一样呢?"

"怎么会这样? 我也不知道啊。"陈主任摇头苦笑。

直到有一次,主任提起班上一位乖巧又体贴的学生在上学途中发生交通意外，由于伤势严重，当场就失去生命迹象。由于事情来得太突然，他受到很大的打击，后来甚至连学生的告别仪式都无法出席。

我说："我不认识这位学生，光是听你描述你们的交情与意外发生的经过，我都忍不住湿了眼眶。可是我发现你在讲述这件事情的时候，出奇地冷静。"

"可能是……我不想在别人面前掉眼泪吧，所以就忍住。我好像一直都是这样。"他说。

"这是很重要的觉察呢，请你感受一下，忍着不让眼泪掉出来时，身体是放松还是紧绷的？"

"好像很紧绷……"

"有哪些部位是紧绷的呢？"

"嗯……眉心、胸口、肩膀……"然后他愣住了，"等一下！这不就是师傅经常说我很紧绷的部位吗？"

"你觉察到了什么，对吗？"

"为了避免掉眼泪，我常常会憋气，然后肩膀和胸口会跟着用力，有时候也会觉得好像喘不过气，呼吸很不顺畅。"

陈主任的情况，其实在很多人身上也会发生。当一个人觉得紧张、焦虑或恐惧时，经常不自觉地憋气、肩颈的肌肉过度用力、闷住胸口，不知不觉就造成肌肉紧绷、呼吸不畅的状况。

那一天，我花了一些时间与陈主任分享呼吸的重要性，也引导他练习了安顿身心的呼吸之道。

呼吸,调身也调心

长时间情绪紧绷时,我们会处于过度敏感的状态。一句原本中性的语言、一个眼神,都可能让我们感到难受,甚至崩溃失控;倘若身体过于紧绷,外在轻微的刺激可能让我们觉得格外难受,就连无意识的小动作也会造成肌肉拉伤。

身心的状况会反映在呼吸上,好比说:呼吸短浅且急促、觉得胸闷呼吸不顺畅、呼吸的声音过大等。从这个现象来看,当我们好好地调整呼吸,也能达到调节身心状态的效果。

一方面,规律而稳定的呼吸,有助于平衡自律神经系统,能够缓解焦虑的生理状态(像是缓和心跳、放松肌肉),这是借由呼吸来调节身体;另一方面,练习将注意力安顿在呼吸上,可以帮助我们从纷乱的思绪中稳定下来,这是通过呼吸来调节心情。

调节身体,可以帮助我们在忙碌与快速的生活步调中慢下来,细细觉察身体的感受,并且依照身体的需求来照顾自己。活在信息爆炸的年代,大量外在刺激经常将我们的专注力撕扯成无数碎片,心思经常处于散乱与跳跃的状态。借由调节心情,可以让我们把注意力安放在眼前重要的事情上:工作时专心工作;玩耍时专心玩耍;需要休息的时候就全然地放松。

这是否正是你所向往的生活呢?

接下来我们会开始练习专注呼吸,在这之前我要先提醒你几件事:

1.放下不切实际的期待

有些人对于练习呼吸这件事有些挫折经验,一方面是因为已经习惯快速的生活步调,任何短时间内无法看见明确成效的事情,都难以持续投入。另一个让人们无法持续专注练习呼吸的原因是,他们期待通过坐下来、安静地呼吸几次,达到某些神奇的境界。好比说:

- 一开始就能练习好几个小时,并且心无杂念。
- 期待消除所有负面情绪,赶走多年来的烦恼。
- 期待立刻感觉全身放松,消灭身体的不舒服。
- 期待能够找到所有生命困境的解答。
- 获得某些特异功能,例如:透视能力、预知未来……

假如你带着这些期待练习呼吸,很快就会觉得失望,然后起身去玩电脑、滑手机。带着期待练习,不仅无法专注在练习的过程,你的心思也会变得很散乱,不断地问自己:"到底什么时候才会平静?问题什么时候才会有答案?怎么样才能不再有烦恼?我到底能不能透视眼前这一堵墙?"一旦启动这些内在对话,你又再次陷入用脑过度的模式了。

虽然我提醒你在练习的时候不要抱着各种期待,但是当你以单纯的心态来练习时,身心自然会在这过程中稳定下来,达到安定与放松的效果。

2.以观察取代控制

有些人在练习时,为了确保注意力能集中在呼吸上,不自觉地提醒自己这口气一定要吸得很深,并且要缓——缓——地吐气、吸气时记得要吸饱、吸满,然后下一口气要吐慢一点、细一点。当你这么自我提醒的时候,其实你的注意力已经从观察呼吸转变成控制呼吸了。

呼吸是生命中每时每刻都在进行的行动,只要你还健康地活着,呼吸就会自然进行。你走路的时候呼吸在,休息的时候呼吸也在;你与朋友开心相聚时呼吸在,夜深人静当你独处时呼吸也在;此刻你正在阅读这本书时,呼吸依然存在。

因此,你不必为了练习专注呼吸而刻意用力吸气、呼气,你就只管放轻松、友善地欢迎下一口呼吸到来;吸气的时候感受到自己正在吸气,呼气的时候感觉到自己正在呼气,这样就可以了。

无论这一次呼吸如何,下一口呼吸又是全新的开始,假如我们刻意控制呼吸的力道,企图让每一次呼吸都长得一样,并且误以为这样就等于拥有平稳的身心状态,那样就太用力了。

3.不要评价

呼吸是一种自然且中性的现象,没有好坏对错之分。

但是开始练习之后你会发现，要专注练习呼吸一段时间（就算只有短短五分钟）真的很不容易。因为我们已经太习惯步调仓促、意念纷飞的状态。刚开始练习会觉得不太顺畅、不容易静下心、不自觉想要看看还剩多少时间，这些都是很正常的现象。正是因为我们有这些惯性，才需要刻意练习专注呼吸。

假如你在练习时给自己贴上标签这样呼吸是错的、这次练习真糟糕、我真的没有慧根。这些都是你给自己的评价，连带引发不必要的负面情绪。如果你练习了很久依旧无法专心，那也无须自贬，我们可以在练习之外思考一下：是否因为外在环境或身心状态种种因素，导致这段时间的练习比较困难？

找到原因，帮助自己持续练习才是最重要的。至于过去有哪几次练习的状况不好、专注在呼吸上的频率高或低，都不需要挂在心上。

4.从规律固定到随兴所至

能够将一种行为随时随地落实在日常生活中当然很好，但假如你从来没有练习过专注呼吸，想要把这件事情变成习惯就需要刻意练习。

每天在同样的空间、时段，反复练习同样的行动，是建立习惯最重要的方式。熟悉的情境不仅让你安心，时间久了之后，每次到了特定时段、进入特定空间，你就会自然启动专注呼吸的行为。一旦养成这个习惯，即使不是在练习的时段或空间，只要你愿意，随时都可以提醒自己:不妨现在就来专注呼吸吧。

以我自己为例,除了每天规律练习呼吸的时段之外,我在日常生活中只要一有空当,就会有意识地提醒自己练习专注呼吸,好比说:

- ●在月台上等待列车进站时。
- ●开车或骑车等红灯时。
- ●在演讲开始之前的空当。
- ●在便利商店排队等候结账时。
- ●追剧时的广告时间。

来,开始练习吧!

为了可以帮助你更顺利地练习,这里有一些重要的步骤:

1.选定空间:找一个能让你放松、安心的空间,一来有利于进入放松状态,二来也避免练习过程中被打扰。例如:书房、卧室、个人办公室。我有一位学员是公交车司机,他利用每天清晨发车前十分钟,在安静的公交车驾驶座上练习。

2.调整坐姿:让自己坐得稳定、舒服,才不会刚要静下心就因为腿疼、腰酸背痛而打退堂鼓。

- ●你可能听说过散盘、单盘、双盘等坐姿,不过其实你也可以找一张舒服的椅子或瑜伽垫,让自己放松坐着就好。

●试着让背部挺直、肩膀放松。经常驼背或身体歪斜可能会引发肌肉酸痛或受伤,要小心避免。

●躺着练习固然舒服,假如可以顺便睡一觉就更棒了。但是睡着只是练习的附加价值,倘若每次你都很快入睡,就无法达到专注的效果。想要练习从纷扰的思绪中让心稳定下来,建议还是坐姿为佳。最佳原则就是:维持既放松却又保持些许警醒的坐姿。

3.减少干扰:练习时尽可能减少外部干扰,请将手机设定成飞行模式,关闭任何会发出提示音的电子产品。我有一位学生每次练习的时候,就在房门上挂着"练习中,请不要叫我"的手写板来提醒家人。

4.设定时间:虽然前面提到要减少干扰,但这里有个例外:

●现在大概已经很少人使用闹钟,请你利用手机的时间应用,设定五至十分钟的闹钟(这个长度对多数初学者已经有相当的难度)。

●设定闹钟可以让你专注练习,不需要分心注意时间。

5.专心一意:坐定位、设定时间后,你要做的事情只有一件——专注呼吸。

●观察并感受每一次的呼吸,吸气的时候感受吸气,呼气的时候留意空气慢慢呼出去。

●无论心里浮现任何想法或画面,这都是很正常的现象。你只需要提醒自己,把注意力再带回到呼吸就可以了。

●时间一到,闹铃响起,就缓缓地睁开眼睛,停止练习。像是刚做完运动一样,让自己在原地缓和地动一动,将注意力慢慢地拉回当下,然后才起身回到日常生活。

●不要因为觉得这次练习很成功就想延续气势,也无须因为练习不顺心就想多撑几分钟来挽回颓势。借由练习培养专注呼吸的习惯是最重要的目的,而不是为了解锁成就或是要证明什么。

现在,请你为自己规划三个每天刻意练习的空间与时段:
(例如:书房,7:00—7:10;卧室,21:50—22:00)

我的专注呼吸练习计划:

1.空间:____,时间:从____点____分到____点____分。

2.空间:____,时间:从____点____分到____点____分。

3.空间:____,时间:从____点____分到____点____分。

第22章　走出负面情绪

生活中难免会遭逢忧郁沮丧、做什么事都提不起劲的低潮期。有时也会陷入心烦意乱、无法清楚思考的混乱时刻,这时候做任何事情都觉得特别不顺心,就连要安静坐下来沉淀一下,也会因为心浮气躁耐不住性子。

即使是身为心理咨询师的我,有时候也会因为工作或生活遇到瓶颈而陷入动弹不得的困境中。每当遇到这种状况,我最需要做的事情就是率性放下手边的工作,出去走一走。

我很喜欢走路,也从这一件极为简单的事情中获得许多正向回馈。很多时候走一走,真的就走出负面情绪了。

走出难受的情绪

平常我习惯在清晨五点醒来,刷牙洗脸后喝一杯温开水,然后穿上运动鞋出门走上五千步,回家后先冲个温水澡,吃一顿简单的早餐,接着开始阅读与写作。有工作的时候,如果时间允许,我会走路前往当天工作的地点,或者在回程途中提前几站下车,再走几千步回家。如果是工作量比较大的忙碌日,我会刻意利用中间休息的时间出去走一小段路。即使是遇到不方便出门的下雨天,我也会在家里有限的空间中来回走路。除此之外，凡是工作或写作间的空当，我会以走路取代躺在沙发上看电视或低头滑手机。

已经忘了从什么时候开始，走路成为我生活中不可或缺的一部分。每一次当我遇到困难或有烦心的事情却束手无策时，就会穿上运动鞋出去走一走。

意想不到的是，在双脚重复着简单交替动作的过程中，原本紊乱的思绪与烦闷的情绪往往会随之沉淀下来。在情绪回归稳定之后，内心也重新长出了与自己对话的空间。

这个时候我会问问自己：

- 刚刚的负面情绪，是因为我在意什么？
- 关于这件事，我被困住的观点是什么？
- 在这些情绪里，我希望被理解的是什么？
- 刚刚的行动有清楚表达我的想法或需求吗？
- 下次再遇到同一件事，如何应对会更适当？

提出这些问句时，我像是与一个充满挫折的孩子对话。我蹲下身子专心倾听他的声音，凝视他泛泪的眼眶、倔强的表情，以充满关心的语气鼓励他说说话。无论是否得到答案，我都会给他一个温暖的拥抱。

经过这趟一边走路、一边与内心对话的时光，当我回到家的时候,无论是情绪还是思绪都已经回归稳定与平静的状态。

有时候走着走着,就连与自己的对话都还没展开,可能就忘记了刚刚为什么会陷入某个情绪里。而且,就算想不起来引发负面情绪的原因也没关系,由于关注的焦点已经转移了,所以整个人也觉得轻松许多。

知名的韩国演员河正宇是喜爱走路的狂热分子,他在《走路的人》一书中说:"走完路之后原本烦恼的思绪变得模糊了,虽然烦人的事情依旧存在,但压力与负面情绪却不如一开始来得这么沉重。"

深受无数人喜爱的主持人奥普拉也曾分享过,觉得烦躁与焦虑的时候,假如想要找回自己的节奏,最快、最有效的方式就是出去走走路,同时特别留意自己的呼吸与心跳。

走出困住的思绪

对于特别仰赖脑力工作的人而言,设计不出方案、找不到思绪或灵感、想不出响应主管或客户的内容时,内心的压力肯定不小。这时候,你一定会更聚精会神在眼前的问题,更用力地思考,希望可以努力挤出一点儿什么,好让你能顺利交差。

不过我要提醒你:假使你已经专心思考了好一段时间,却怎么样也想不出答案、挤不出灵感的时候,千万别犹豫,赶紧起身离开桌面、离开电脑,出去走走吧!

芭芭拉·欧克莉(Barbara Oakley)在《大脑喜欢这样学》(*Mind-*

shift : Break Through Obstacles to Learning and Discover Your Hidden Potential)当中强调,有效学习的思考包含两种形态:专注模式(focused mode)与发散模式(diffused mode)。前者是针对某个议题,在有限的范围里进行专一且深入的思考,目的是帮助自己获得重要的结论;后者则是在某个议题上任由思绪发散、漫游,以收集广泛的资料,这是生发出灵感与创意的思考模式。

我对于这种交替学习带来的效果深有共鸣。每当我在苦思一堂新课程、写文章遇到卡顿、缺乏灵感的时候,就会起身离开工作的空间,穿上运动鞋到外面走一走。在走路的过程中可以让专注模式暂时退场,借由简单的身体活动、大脑压力的释放,以及五官接收到环境中的丰富信息,促进发散模式的执行。常常在走路的过程中,原本枯竭的思绪就会一点一滴涌入灵感,困顿的思绪也重新活络起来。

你知道吗?世界上有许许多多伟大的创作与发明,包括风靡全球的益智玩具魔术方块、脍炙人口的经典作品《田园交响曲》、音乐剧《汉密尔顿》、可以杀死致命细菌的青霉素,以及许多深入人心的作品(还包括某些获得诺贝尔奖的研究),都是人们在散步的过程中获得的启发。

包含已故的苹果创办人之一乔布斯(Steve Jobs)、知名搜索引擎Google(谷歌)等许多企业界高级主管,都是走路的爱好者。他们会像安排工作或重要会议那样,规律地拨出时间去走路。国外有许多顶尖企业、科技公司会在建筑物附近打造适合走路的绿色空间或步道,鼓励员工在工作之余去走走,让脑袋重新回归活跃的状态。

走出无能为力感

面对看似无止境的贷款与账单、想不出问题解决方式、找不到灵感、找不到具体原因的身体疼痛……都会让人感到无能为力,持续累积的无力感会让人感到失去希望,进入忧郁状态,觉得动弹不得,好像什么事情都做不了。

曾经有一位长期因病所苦的女孩与我分享,在病情严重的那一段时间,她失去了工作与运动的能力,就连以前稀松平常的姊妹聚会也难以出席。于是,每一天借由辅具到外面走几圈、呼吸新鲜空气,是她觉得自己最有力量的时刻。

"幸好那时候,我还有拄着拐杖到外面走一走的力气。"我还记得她在说出这句话时,语气中充满着希望。

所以,当你觉得动弹不得、怀疑自己好像失去行动力的时候,一定要告诉自己:那只是压力所引发的情绪感受,不等同于你真实的状态。

请记得你拥有一个既友善又强大的朋友——走路。

你可以现在就站起身,暂时离开困住你思绪与情绪的空间。

你可以不受任何交通工具的限制,只要想走,就可以一步一步持续往前。

你可以在走路的过程中感受到自己的呼吸与心跳,也可以感受到脚底与地面接触的感觉。

你可以因为好奇而转进一条平常不曾留意过的巷子,也可以找一段上坡路段,提升走路的力道,感受腿酸、心跳加快、胸腔明显起伏的感觉。

说真的,每天忙于工作的你,是不是也对身体各部位的感受变得陌生了呢?

千里之行,始于足下。你可以抬起你的脚,往前跨一步,再跨一步。无论生活遇到哪些困难,走路依旧是可以由你自己主导的事。

走进独处的空间

身为现代人的我也一样被科技产品制约了,只要一听到震动或铃声,注意力立刻就会被手机拉走。有时候明明下定决心写完一篇文章,却经常被屏幕上的某些信息吸引住,着了魔似的不停浏览网页,完全忘了原来设定的任务。所以想要放空脑袋、让心恢复平静而出门走路时,我会刻意把手机放在家里。

我特别喜欢一个人出门走路,不仅省下与他人互动的力气,也可以放松嘴角与脸颊,不需要思考如何响应他人的问题。

许多人在独自旅行的过程中,都曾经历一种共同的体验:独处的时候,特别容易听见自己内在的声音。生活环境充满别人的声音、别人的期待,我们不得不去响应对方、照顾对方,甚至耗费许多力气在人与人之间的攻防战。在这种情境下，我们往往不自觉地忽略自己的声音，失去与自己的联结。

借由走路的时光，你可以让脸上的肌肉呈现最放松的状态，用自己喜欢的速度行走，任由脑袋里的白日梦自在翱翔。你可以有时间好好地思考自己的工作、生活，以及最近遇到的挑战。当然，你也可以什么都不去想，就只是专心呼吸、专心走路。

假如你觉得生活中肩负着太多他人的期待，经常需要照顾别人的需求与感受，这样的你更需要空出时间出去走走路，为自己创造一些安静不受打扰的时光。

简单的事，更需要天天做

再怎么简单的事情，假如没有培养成习惯，对你来说依旧困难重重。如果散步不在你的日常习惯清单中，请你先从日常生活中简单、具体可行的行动着手，以便让这件事情逐渐成为生活中的惯性。

我为你提供了几个简单可行的策略，请你勾选二到三项，帮助自己从几个具体的行动开始执行：

☐ 上班途中，提前一站下车，走路到公司。

☐ 下班途中，提前一站下车，走路回家。

☐ 早上提早十分钟出门，刻意多绕一段路步行到公司。

☐ 走到前二三个垃圾点倒垃圾。

□ 为自己设计一段十到十五分钟安全且便于执行的行走路线。

□ 星期＿＿，从＿＿点＿＿分到＿＿点＿＿分，走一趟刚刚设计好的路线。

□ 走路时专注脚底与地板接触的感觉，留意你的呼吸。

□ 走路时记得挺直背部，感受到抬头挺胸、有自信的姿势。

□ 提醒自己我正在行走，把专注力放在这件事情上。

请记得：每一个勾选都是你对自己最重要的承诺，无论你勾选了哪几个选项，可以的话，从此刻就开始去实践吧！

第23章　动态静心

带领静心课程时,有时会遇到一开始不太能接受静坐的学员。或许是因为工作节奏或生活习惯,总之要他们坐在原地、动也不动地只是专注呼吸,似乎是一种特别痛苦难耐的折磨。

静坐之外的其他选择

有一位在证券业担任分析师的学员小玮曾说,刚开始来上课的时候,只要坐在原地超过三十秒没有接收到任何指令,浑身上下就像是爬满蚂蚁,焦躁不安,不是一直想起公司里尚未处理完的工作,就是在脑袋里惯性地推敲起近期国内外股市的走势图。

之所以会这样,是因为小玮每一天清晨七点半就必须坐在公司准备要对主管报告的业务资料。往上他得承接主管嘱咐的工作内容,往下还有几位助理等待他的工作指示,往外则需要面对好几位握有大笔资金的客户,长期处在这种分秒"币"争、竞争与压力极大的工作环境下,大脑每时每刻都处于高度思考与分析的状态,但与此同时,也失去了平静与休息的能力。

面对这类型的学员,我会邀请他们先从动态静心开始练习。

所谓的动态范围极广,除了安静坐在原地之外,几乎涵括了日常生活中的所有行动,好比说走路、喝茶、浇花、滑手机、对话、阅读……你或许有些好奇:做这些事情的同时也能够静心吗?

答案当然是肯定的。

事实上,即使是禅修也不是只能盘腿坐在原地,还包括行禅、立禅、卧禅,等等。

任何身体动作只是一种手段与过程,真正的目的在于将发散的思绪逐渐收摄,进而达到专注当下、平心静气的效果。

问题来了:既然声称做这些事情能够静心,那为何许多人在做这些事情的时候,不仅没能收到静心的效果,有时候甚至越做越烦躁、越做越想骂人?

原因是,我们面对日常生活的大小事时,内在经常处在一心多用、自动导航的状态。

思绪纷飞是平静的阻碍

一行禅师曾说:"洗碗的方式有两种,一种是为了把碗洗干净而洗碗,另一种则是为了洗碗而洗碗。"在第一个选项里,干净才是我们关注的目的,至于过程对你而言可能一点儿意义都没有。在第二个选项里,洗碗本身就是目的,我们专心投入其中,明明了了地观察并感受洗碗时的每一个动作。

假如你在洗碗的过程中,心里老是抱怨都没有人帮忙、待会儿还有好多做不完的事情、白天发生的烦人事情,众多负面情绪与压力就会随之升起,这时候你的注意力并不在洗碗这件事情上,而是满满的抱怨与忧愁。

假如你在吃饭的时候脑袋里担心着热量、体重,或者衣橱里又有几件衣服穿不下,担心自己变胖的样子很丑,那么你在当下并没有用心咀嚼嘴里的饭,而是咀嚼着各种充满压力的数字与负面情绪。

假如你与孩子相处的时候,心里只在意他的成绩、期待他该去完成的事、想着他没有做好的事,那么你关注的其实不是眼前这个孩子,而是你内心的担心与期望。

假如好不容易才安排一段假期,飞到某个国家旅游,可是你却一边挂心着工作,烦恼要买给家人或同事的纪念品,时不时就确认手机里的信息,那么不管去到哪里,其实你的心都还是待在工作状态中(也浪费了昂贵的机票钱)。

如果一天到晚都是用这种状态过生活,身心又怎么能平静、放松呢?

所以,倘若想要达到静心的效果,最重要的态度是:刻意留心当下,一次专注在一件事情上。

静心,从专注当下开始

很多人一听到"放慢脚步,专注做一件事"时,会想象成好像要慢动作播放一样慢——慢——移——动——那画面感觉有些古怪,对吧?

事实上,放慢动作的确可以让我们增加对行为的觉察,降低出错的概率,但更重要的是对当下的专注:带着觉知去执行每一个动作,清清楚楚知道自己正在做什么。否则就算你刻意放慢了动作,依旧无法进入静心的状态。

既然都选择要卷起袖子洗碗了,你可以练习专注在当下:留意手握洗碗布的触感、水淋湿手的感觉,将洗洁精慢慢搓揉起泡,感受到碗盘里的油腻感逐渐被泡沫的滑顺感所取代……你将会发现,洗完碗盘虽然有点儿累,但因为专注在一件事情中,内在反而能够逐渐回归平静。

吃饭的时候,就全然专注在吃饭这件事,包括留意到自己正夹起某一道菜肴,以适当的分量放进嘴里,专注地咀嚼,感到料理在咀嚼过程中的口感,在口腔中散发出不同层次的香气,并且带着觉察将口中的食物缓缓吞咽。与此同时,不急着伸手去夹下一口菜,也不要看电视或滑手机。

对话的时候专注倾听对方说话,不要急着打断对方、给建议,也不要急着在脑袋里面大肆评价与分析。关注对方说话的表情与音量,听见语言背后的情绪,听懂对方到底希望我们如何帮助他。

就连呼吸也是如此。吸气的时候留意自己正在吸气,呼气的时候留意到自己正在呼气。你甚至可以留意空气从鼻孔前缘流进来的温度,胸腔随之起伏,全身肌肉随着吸气与呼气而引发的松紧变化。

无论做什么事情,对每一个步骤带着了了分明的觉知,专注体验当下,不作他想,如此一来,日常生活时时刻刻都是静心的修行。

静下来,才能听见更多信息

面对日常生活中经常做的事情,我们的脑袋不免会产生"这我知道了""这没有什么特别""不需要特别在意"的念头。这个念头一起,我们的好奇心与专注力就会发散、不见了,然后任凭惯性带着我们机械式地重复某些动作。

我听过很多人说某一天照镜子的时候,赫然发现头上多了好多根白头发、眼角多了几道细纹,因而惊讶不已。其实这些身体变化并非突然出现,只是你一直没有发现。也有人在每天通勤必经的马路上突然发现一间从未看过的店家,实际上,它可能已经存在那里好长一段时间了。你可能突然间发现与孩子之间充满了隔阂,但其实你们的关系早已疏离许久,只是你从未认真留意这件事。

一位五十多岁的女性因为经济压力,除了烦琐的家务事、照顾生病的长辈之外,还身兼好几份工作,经常从清晨忙到深夜。她说,她都是利用空当狼吞虎咽地把饭吃完,甚至边扒饭边工作。她没有失眠的问题,因为她只要躺上床就累到"不省人事"。这种极度忙碌的日子日复一日、年复一年。

直到前一阵子她去一家餐厅兼职,负责油炸台的她一整天下来身上黏附了浓浓油烟味，必须费一番工夫、认真清洗才能洗干净。也因为这样，她在洗澡时触摸到左侧乳房有一个硬块，检查之下才发现是肿瘤。医生略带责备地问她这么大的肿瘤，怎么会拖到现在才来做检查？她摇摇头，完全回答不上来。

回家路上，她不断问自己：怎么身体长了这么明显的东西，自己却从未发现？她既感到荒谬不解，也很心疼自己。

幸好后续的治疗顺利，手术后的恢复也很不错。后来她辞掉了一些工作，刻意放慢生活节奏，细细地留意自己的行动、身体感受。她开心地与我分享，现在的她比较有活着的感觉，知道自己正在品尝某些美食，喝咖啡的同时也能享受咖啡的香气；漫步在一条开满花的小径时，能够留意到花朵有许多颜色，留意到飘进鼻腔里的淡淡花香。

"我竟然到现在才发现，原来生活中有好多美好的事物。"她说。

其实，这些东西本来就在我们的生活中，一旦你愿意静下心来细细品味，就会发现，无论是内在或是外界，都有好多重要且美好的人、事、物值得我们去接触、去关注。

静心，才是最终的目的

虽然前面提到面对无法静坐的学员，我会引导他们练习动态静心，不过这并不是要去比较静坐或动态静心的效果。这两者的目的都是帮助我们专注当下，让内在趋于平静，只是两者的原理不

189

太一样。

在行动的状态下，身体与感官的感觉比较凸显，心的力量相对显得比较薄弱。所以动态静心帮助我们专注体验动作，有效降低念头的影响。可是一旦安静坐下来，身体与感官的感觉就比较不明显了，此时心的声音会被放大。心的力量很大，随时都能引发各种情绪，推着我们去做各种事情，连带使得身体变得躁动。

以前面提到的小玮为例，每一天坐在计算机前工作的时间长达十几个小时，所有学员里面，大概没有人比他更擅长"坐"这个动作了。即使不是在课堂上静坐，他连休假日也无法慢下来，稍有空当就必须找事情填满。所以他真正的困难并不是静坐，而是无法安顿静下来之后内在喧嚣而杂乱的念头。

因此，无论你采取动态或静态的静心，最终目的都是将注意力回归内在，练习听见内在纷乱的声音，并且将散乱的念头逐渐收摄，从多到少、从少到一。

关于生活中的动态静心，你还可以这么练习：

●感受现在的坐姿，感受身体在这个坐姿下各部位肌肉的松紧度。

●喝茶时，感受水含进口腔的温度，留意茶水慢慢滑进食道，感受口腔从干燥逐渐湿润。

●说话的同时，试着感受自己的情绪、说话的力道，觉察自己的用词。

●走路时留心眼前所见,欣赏每一个映入眼帘的人物、景色、建筑与物品。

●洗澡时慢慢地搓揉泡泡,感受到泡泡在掌心与身体之间的触感;用双手专注地抚摸、擦洗全身,感受身体每一处的皮肤状态与触感。

●除此之外,在你的日常生活中,还有什么时候也可以练习动态静心吗? 请列出三项:

我的动态静心练习计划:

1.在_____的时候,我可以练习专注在_____。

2.在_____的时候,我可以练习专注在_____。

3.在_____的时候,我可以练习专注在_____。

第24章 向内在探寻资源

每一次在拟定新年度的行动计划时,你是否自然而然地拿出一张全新的纸,或者在计算机桌面新增一个档案,然后逐一填入新的行动、想要完成的目标、期待达成更多成就⋯⋯表面上,你觉得这么做既是为自己的生涯负责,同时又能迎来成长的喜悦,但实际上,越来越多的目标不仅让你觉得喘不过气,那些未能依照计划完成的部分,带来的挫败远大于成就感。结果原本应该是为了让未来更美好的计划,却成了压力来源,也在无形中剥夺了学习与成长的喜悦。

"更多"使人心累

担任心理咨询师的前两年,我经常在与家长或老师谈话时碰壁。他们普遍在养育孩子或班级经营上遇到困难,带着许多难题来寻求建议,我也毫不保留地提供解决之道(这里头包括经许多人见证有效的策略)。可是不知道为什么,这些来谈者听完后,要不显得兴趣缺缺,不然就是直接反驳说:"不可能啦,这没有用。"

到底发生什么事?我百思不得其解。我不是提供他们渴望的解答了吗?为什么他们好像不太接受我的建议呢?后来我才发现问题症结点:会来找我谈话的人,几乎都在生活中遭遇大大小小的挫折。面对生活的难题，他们往往已经努力尝试过很多方式（却以失败收场），在这种情况下，脑袋虽然希望获得解法，但当他们得知原来还有某些方式没有尝试过时，同时也会引发负面情绪。

好比说：不会吧，还有更有效的方式？还要再学新东西吗？怎么都学不完？之前用的方式都是错的吗？是不是我真的不擅长教孩子？到底什么方法才有效？

重复阅读这几个字，你是否也产生到底有完没完的烦躁感？而这一份烦躁感，就是阻碍我与来谈者建立合作关系的因素。因为每当我提供一种新的方法，都在加深他们的挫折与不耐烦。所以，有时候更多的、更新的、更有效的方法，反而会让我们觉得自己是匮乏的、不足的、没价值的。

后来这几年，我慢慢掌握了与家长和老师谈话的诀窍，不仅让他们感觉到被理解、支持，甚至还愿意依照我的回复去做练习。这过程中，我只是稍稍调整了谈话策略，却大大提升了来谈者合作的意愿。这是怎么办到的呢？

记得前面提过"面对生活中的问题，人们早已尝试过许多方法"这句话吗？虽然生活中遭遇许多挫折，但其中一定有成效不错的行动策略（只是常被我们忽略）。假如我声称我的方式才是好的，等于全盘否定了对方的努力及宝贵的生活经验。

所以后来在谈话时，我会先协助对方整理他们的生活形态、使用过的策略，从中萃取出正向因素与负向因素。接下来要做的是：

有利身心健康的因素就加以巩固,并且试着移除或减少不利于身心健康的因素。来谈者不需要辛苦地重新学习太多新的方式,而是向内探索既有的正向资源,稍加调整生活模式即可。通过这种方式,人会感觉到自己是有能力、有资源的,而不是匮乏或无能为力的。

在这里,我也要陪伴你练习透过这套观点,盘点自己既有的资源,用更轻松且熟悉的方式为自己打造更滋养、更放松的生活。

典型的一天

虽然你每天的生活不会完全一样,周中与周末或特殊节日会有些差异,但大致来说,我们日常生活多少都有些固定的模式,我将这种现象称为"典型的一天"。我们要从自己经常重复的行为模式里,找出放松身心的正向及负向因子。

第一步:盘点行动

改变从觉察开始,请你列出在典型的一天中最常进行的二十四件事。例如:

□ 1. 起床,躺在床上滑手机。

□ 2. 上厕所、盥洗。

□ 3. 出门散步、拉筋伸展。

□ 4. 回家淋浴。

□ 5. 吃早餐。

□ 6. 出门工作前的准备。

□ 7. 喂狗。

□ 8. 出门上班。

□ 9. 进办公室开计算机。

□ 10. 泡一杯咖啡。

□ 11. 在例行会议上报告。

□ 12. 与同事大聊八卦。

□ 13. 陪客户吃午餐。

□ 14. 午休片刻。

□ 15. 下午工作时间。

□ 16. 下班后开车回家。

□ 17. 瘫在沙发上滑手机。

□ 18. 准备晚餐。

□ 19. 吃晚餐。

□ 20. 与家人聊聊天。

□ 21. 悠闲地洗澡。

□ 22. 吃夜宵配啤酒。

□ 23. 阅读一篇文章。

□ 24. 躺在床上,熬夜追剧。

第二步：评估影响

接下来，我们要从这二十四件事情当中，辨识出滋养与耗能的效果。

所谓的"滋养"是指你做了这些事情之后，会感到满足、愉悦、平静；你喜欢做这件事，也喜欢做这件事情的自己，虽然当中有某些事会消耗你的体力，但整体而言你的感受与经验是正向的。相较之下，"耗能"则是指你做完这些事后，不仅觉得不舒服、疲惫，也可能浮现后悔、郁闷、低落等负面情绪。

虽然有些行动可能两者兼具，但请你尽可能将其归纳到其中一方。例如：

－ 1. 起床，躺在床上滑手机。

＋ 2. 上厕所、盥洗。

＋ 3. 出门散步、拉筋伸展。

＋ 4. 回家淋浴。

＋ 5. 吃早餐。

－ 6. 出门工作前的准备。

－ 7. 喂狗。

－ 8. 出门上班。

－ 9. 进办公室开计算机。

＋ 10. 泡一杯咖啡。

－ 11. 在例行会议上报告。

＋ 12. 与同事大聊八卦。

－ 13. 陪客户吃午餐。

＋ 14. 午休片刻。

－ 15. 下午工作时间。

－ 16. 下班后开车回家。

－ 17. 瘫在沙发上滑手机。

＋ 18. 准备晚餐。

＋ 19. 吃晚餐。

＋ 20. 与家人聊聊天。

＋ 21. 悠闲地洗澡。

＋ 22. 吃夜宵配啤酒。

＋ 23. 阅读一篇文章。

－ 24. 躺在床上,熬夜追剧。

第三步:统计数量

接下来,请你统计出总共有几个"＋"与"－"。在我所举的例子里,总共有十三个"＋"与十一个"－"。

因此,你就能够从统计的数字差异中初步发现,你在生活中经常做的事,究竟是对自己滋养的项目较多,还是耗能的项目比较多。

第四步：辨识成效

现在请你暂时放下"－"号，并且试着在"＋"号当中，进一步辨识出哪些属于短期滋养？哪些能够带给你长期滋养？

所谓的"短期滋养"是指行为的当下，能够让你立即获得正向的情绪感受，但是长时间累积下来，却有可能对你造成各方面的负面影响，好比说：常与同事大聊八卦，可能会得罪同事或给人"大嘴巴"的印象；常吃夜宵配啤酒不利于你的健康。

而某些行为当下虽然有点儿辛苦，但是长时间持续累积下来，却能对身心带来许多益处，像是运动、阅读、与狗相处、专心洗澡。

例如：

短期滋养	长期滋养
12. 与同事大聊八卦。 22. 吃夜宵配啤酒。	3. 出门散步、拉筋伸展。 20. 与家人聊聊天。 21. 悠闲地洗澡。 23. 阅读一篇文章。

善用你的内在资源

恭喜你完成了对自己生活的检视，这一份资料相当珍贵，因为你很难找到另一个与你生活形态完全相同的人。现在，请你留意几个重要信息：

(1)关于耗能的"－"：有些事情虽然让你觉得耗能，但那或许与你的生计息息相关(例如：业务报告、写记录)，所以你不必将它们全数删除,而是在做这些事情时安排休息时间,保持规律的工作或生活步调。另外,有些事情虽然耗能,但它们在当下能提供我们立即性情绪宣泄或纾压(例如躺在床上滑手机、吃夜宵),所以浅尝辄止、偶一为之就好,不仅可以保有生活的乐趣,也不致对身心造成伤害。因此,可别全盘否定"一"的价值,那或许是你保有生计、创造快乐的重要来源。

(2)关于短期滋养:你在生活中可能偏好做某些事情,有偏爱的饮食模式,从而觉得愉悦、满足,但若没有节制,这些行为反而会造成你的身心负担,长期的效果是弊大于利。假使你的短期滋养包括了像是抽烟、药物滥用、危险性行为等,请你尽可能避免,因为这些行为伤害大过于益处。

(3)关于长期滋养:所以,聪明的你是否已经掌握了哪些部分值得你刻意多做,甚至让它成为生活中的习惯呢?没有错!答案就是长期滋养的项目。或许短时间看不出明显的效果,但长期累积下来就像是滚雪球效应,绝对能帮助你打造出更健康、更放松的生活形态。

(4)请相信,你就是自己身心健康的专家:无论是耗能还是滋养,其实经常都是你有意/无意间发展出来,帮助自己在各方面过得更好的策略,所以我们不需要批评或否定自己的行动。相反地,我们应该回过头检视自己的生活,从习以为常的生活惯性中找出有利的行动,刻意重复这些行动,辨识出长期下来会对身心有害的行动,练习消除或偶一为之就好。

(5)多多练习:我为各位准备了"典型的一天"空白表格,让你可以随心所欲地复印练习。多练习几次,相信你可以凭自己的力量,找出帮助自己放松身心的正向因子。

典型的一天

例如:刷牙、吃早餐、开会、接小孩、买菜……	□ 1.	□ 2.	□ 3.	□ 4.	□ 5.	□ 6.	□ 7.	□ 8.	□ 9.	□ 10.	□ 11.	□ 12.	统计	耗损(一)　滋养(十)
													短期滋养	
	□ 13.	□ 14.	□ 15.	□ 16.	□ 17.	□ 18.	□ 19.	□ 20.	□ 21.	□ 22.	□ 23.	□ 24.		
													长期滋养	

第25章　允许自我照顾

每一年,我通常会给自己半个月左右的假期,在这一段时间里我不接任何工作,而是去参加喜欢的课程,安静地阅读,或者什么事情都不做。

某一年的假期快到时,太太问我有没有想去的地方。我说,我很想要去一趟日本,很想念清晨在鸭川的河堤边散步、在宇治巷弄里的小茶馆品尝一杯热腾腾的无糖抹茶……

"你好不容易有一段休假,但是我有工作,你会想自己去走一走吗?"

"我有想过,但是一来可能我不太习惯自己去旅行,二来我觉得这样很不应该。"我说。

"不应该? 怎么说?"太太不解。

"就是……你在工作,我却自己跑出去玩,这样好像很自私。"

"可是之前你很忙的时候我刚好有休假,你不也鼓励我去喜欢的国家旅行几天吗? 你有觉得这样很不应该吗?"

"不会啊,因为你是真的很辛苦,好不容易放个假,当然可以去做你想做的事情啊。"

"是呀,那为什么你鼓励我去旅行,却不允许自己去走一走呢?"

太太的回应像是深入灵魂的拷问。

那一刻我才意识到自己经常责备、否定内在想要出去玩、想要放松的渴望。我知道,这与我的成长经历有关,我清楚知道大人期待我长成什么样子,也知道用什么态度生活才能获得他们的认同。许多批判与否定放松的价值观深深烙印在我身上,成了用来鞭策自己的信念,也成了挥之不去的梦魇。

理智上,我知道自我照顾很重要,也经常鼓励他人要好好照顾自己。但在内心深处,我对自己并不友善,不仅否定了自己的需求,也忽视了内在的渴望。

重新学习自我照顾

为何对许多人而言,照顾自己时常沦为一件知道却难以做到的事情? 追根究底,不全然是因为不习惯或不知道该怎么做,而是根基于更深层的核心因素:不允许自己这么做。

因为照顾自己意味着自己好像是脆弱的、不够积极的,甚至还忽略了他人的权益(因为你只想到自己)。想一想,这样的人是否既糟糕又自私呢? 你绝对不允许自己成为这种人,对吧?

其实自我照顾绝对不是一件自私的事情。

一个懂得照顾自己的人,往往也与自己保持着密切的连结:能够觉察自己的状态,知道自己真正需要什么,也知道如何满足自己的需求。因为懂得响应自己的需求,所以能够让自己处在一种平稳

且放松的身心状态。而这种与自己的连结,包括三个部分:

一、倾听,并响应自己的需求。

二、更全面地认识自己。

三、学习为自己做选择。

倾听,并响应自己的需求

想必各位都有经历过在某些严肃或正式的情境下,想打呵欠却必须忍住的经验,那当下是否必须花很大的力气才能停止打呵欠的动作,而且脸部表情看起来还有些别扭? 同样的,当你想要止住在眼眶打转的泪水、想要抑制内在的恐惧或焦虑、想要耐着身体的不舒服而执意继续某些行动,这时你对自己做的事情就是忽视、压抑或否认身心的需求,这都得耗费你更大的力气,也让身心变得更加紧绷、更有压力。

如果你希望放松一些,最具体的行动就是听见自己的需求,不要忽视、否认,也不要压抑,就只是以适当的方式妥善响应。好比说:

● 觉得渴了,就适时提醒自己补充一些水分。

● 觉得眼睛酸了,就适时眨眨眼,让视线暂时离开屏幕。

● 感觉到有尿意,可以的话请不要憋尿,让自己起身去上个厕所。

- 发现胃不舒服，就减少摄取一些刺激性的食物。
- 觉得疲惫、烦躁，试着拒绝某些下班后的聚餐。
- 觉得不被尊重，假如情境许可，试着表达让对方知道。

你可能一方面觉得这些行动很简单，一方面又觉得要达到这个境界很困难。因为有些聚餐推不掉，某些场合不允许你肚子饿就去吃饭、觉得疲惫就小睡一下，倘若执意要做这些事情，换来的后果可能有些麻烦。这是很常见的现象，我也不建议你贸然忽视情境因素，就只管依循本能行事。

但我要提醒你的是：练习倾听及学习适当地响应需求，这会让你在多数的生活情境中，能够有觉察地选择适当的行动来照顾自己。慢慢地，在允许的范围内，你会更倾向选择靠近那些可以滋养你、让你感觉安全自在的人、事、物。而这一切仅仅是因为你更清楚自己的需求，并且知道如何响应自己的需求。

更全面地认识自己

我们的内在对话经常是狭隘的、负向的，有时甚至是极端严苛的。好比说，当你在工作中有一件事情没有做好，我们就认定自己铁定什么事都做不好（狭隘的）、觉得自己糟糕透顶（负向的）、不允许自己有任何闪失（严苛的）。又好比说，当孩子在学校被投诉与同学打架时,我们就认定自己是一个只会生却不会教的父母(狭隘的)、觉得自己的养育结果很失败(负面的)、不允许自己的孩子有任何出问题的时候(严苛的)。

念头不全然等于真实。坦白说,你要不是偶尔才不小心犯一些错误(而且在别人眼中只是无伤大雅的过失),不然就是才刚到某一个新的职位上,因为对职务内容不熟,无法尽善尽美。绝大多数的时候你非但没有犯错,身边还有许多人给你正向的回馈。可是你却因此自责不已,耳边不自觉弥漫着自我批判与否定的声音,且误以为这才是事情的真相。当你这么做时,只是以狭窄的观点来批判自己。

我不是要怂恿你忽视或否认搞砸的事情,我只是鼓励你睁大眼睛、敞开心胸,接纳别人给你的称赞与肯定,以及正视你的确有表现得不错的时候。

借由广角镜头,以更完整的视角看待自己,如实地看见自己的每一个面向:有限制、有不足、有优势,也有许多擅长。假如你总是批评自己表现不好的行为,那么你是否也该肯定有好表现时的自己,这样对自己才比较公平吧!

更重要的是:其实每一个面向都是你,这是一个客观且中性的事实,不需要对此妄下各种评断。

你偶尔会胆怯、会生气、会想占一些小便宜;有时候你很友善、有耐心、愿意为别人多付出一些;有时你不免为自己的好表现感到骄傲、掩不住嘴角的微笑……这些全都是你。就算因为觉察到自己有某些限制或不足，希望自己改进、成长，那也只是你期待自己往某个方向再前进一些，但与你这个人有没有价值一点儿关系都没有。就像晴朗的天空是蔚蓝的、布满乌云的天空是灰色的，那就只是一个事实，与好坏对错都无关。

每一个念头都会引发内在的情绪与身体感受，严苛的自我对话会引发挫败、自责等负面情绪，连带引发身体沉重、紧绷的感受。相对地，若你能看见并肯定自己的正向面，也能够引发内在的喜悦、满足，进而让身体感到舒坦与放松。

学习为自己做选择

一个懂得照顾自己的人，往往也是擅长为自己做选择的人。

为什么要照顾自己、放松身心，而不是交由别人来为我们做选择就好，那样不是比较省力吗？为何还需要花力气学习为自己做选择呢？

因为，勉强接受不喜欢的安排就是一件让人感到很不舒服也很耗能的事。过往，你可能因为害怕冲突、害怕让对方失望，或者你可能一直以来都不被允许为自己做决定，以至于现在的你不太知道该如何做选择，甚至你也习惯了让别人来为你做决定。

无意识地重复着虽熟悉却未必有益的选择，则是另一种耗损身心的行为。好比说，因为怕他人生气而不敢拒绝、因为害怕失败而选择拖延、因为感到焦虑就滥用药物或酒精、因为害怕孤单而到处与他人发生性关系……

在这两种情况下，你若不是交由他人为你做选择，不然就是让惯性剥夺了行动的主导权，无论如何，你都成了被决定的那一个人。

网络社交平台脸书（Facebook）有一个我觉得很棒的功能，叫作"取消追踪"。面对那些会引发负面情绪的用户或账号，我会选择按下"取消追踪三十天"，假如三十天过后再次看到这些信息，依旧让我觉得不舒服，那就直接按下"取消追踪"，从此不让这些信息有机会出现在我的眼前。

起初，我还担心会不会因此漏掉某些重要信息，后来证明是我多虑了。取消追踪这些令人烦躁、心神不宁，甚至带有攻击字眼的信息来源之后，生活清爽了许多！每次滑开屏幕，不仅可以更快地获取我需要的信息，也大大改善了使用网络的情绪质量。

倘若情境允许，请多多练习为自己做选择：

●婉拒某些经常让你觉得心累、不友善的聚会。

●拒绝各种占用你下班或周末时间的请托（或者至少不需要每一次都答应）。

●除了公司供应的餐点之外，你也可以选择其他对身体更健康的餐点。

●分组活动的时候，主动靠近那些你欣赏的、想要学习的对象,而不只是被动接受邀请,或者只是选择你所熟悉(却经常让你感到不舒服)的对象。

●了解自己的需求,主动选择适合自己的保险／月租方案,而不是因为用不到的优惠或人情压力,结果选择了让自己在经济上倍觉压力的方案。

正因为你是基于对自己的理解而做的决定,所以你也能够主动接近那些对身心有益处的人、事、物,并且避免频繁接触那些让自己感觉被贬抑、被勉强、被伤害的人、事、物。长期累积下来,一定能够帮助自己打造出更加放松自在的生活。

我很喜欢隔壁邻居夫妻与他们家三岁女儿的互动。

每一次当小女孩哭泣的时候,就会听到父母亲温和地问:"你需要什么呢? 跟爸爸妈妈讲。""用讲的,我们才会知道你想要什么。""我们可以为你做什么呢?"常常在这些对话过程中,孩子的情绪就慢慢缓和下来。

虽然你已经长大了,可能不会有人这样与你对话,可是你可以练习陪自己说说话,试着问问自己,了解自己的需求。当你在照顾自己的同时,也正在倾听自己内在的声音,安顿自己的情绪。

所以,照顾自己最重要的目的,其实是为了与自己更靠近,也唯有靠近自己,才能活出最自在的生命样貌。

结　语

听见自己的内在，拥抱平静

在课堂上，我常常不讳言地与学员们分享，虽然身为一个心理咨询师，我却是一个对自我要求极端严格的人，心里每时每刻都在督促自己努力、用力、竭尽全力……根本不需要等到别人来告诉我哪里需要改进，我早已在心里批评自己无数次，打击自己从不手软。

或许是因为从高中就独自在外租屋生活，十几岁的我就经常提醒自己：你比别人花了家里更多的钱，最好是有本事证明这些钱花得值得。除了三餐之外，偶尔与朋友去吃饭、逛街，我都觉得这些与念书无关的行为很不应该，也很没有必要。

我从大学开始就有失眠的情况，念研究所的时候睡眠障碍更严重，经常在无数个夜里躺在床上，睁大眼睛，一遍又一遍数着自己的呼吸与心跳，翻来覆去彻夜难眠。踏入职场之后，胃食道逆流、偏头痛、腰酸背痛……样样都找上门。即使如此，我从未想过自己需要放松，也不认为放松是一件被允许的事情。现在想起来，或许从好多年前开始，我就已经有自律神经失调的状况。

坦白说，刚开始在课堂上带领大家做呼吸静心时，我可能才是全场最紧张、最无法放松的那一个人。直到后来逐渐有学员回馈，他们很喜欢那样安安静静、关注着当下的一呼一吸、领受到心慢慢沉淀下来的时光。有些人因此重新长出面对问题的勇气，有些人获得久未体验的平静，有些人虽然对课程内容没什么印象，却觉得身心放松许多。

那么，我是否也允许把带给他人的平静，拨一些来陪伴自己呢？有好多次听完学员对我的回馈之后，我这样深深地问自己。

说来有趣，我原本的专长是儿童与青少年心理治疗，却在陪伴这一群孩子的父母与老师的过程中，无意间启发了对于自我照顾与放松的好奇与热情。我开始将放松当作一件很重要的事情看待，也认真找寻关于放松的方法。我很喜欢这一段陪伴着他人，自己也同时成长的历程。

如同我在这本书里所分享的，我开始探索脑袋里引发压力的思考框架与价值观，了解这些想法如何在成长过程中被塑造而成。它们的存在其实有许多正向的功能，所以我并不需要去否定、赶走它们。但是我也必须学习拿回决定权，而不总是被这些想法所主导。

我持续而规律地练习书中分享的策略，在感到焦虑或紧绷时，逐渐能够适时地安顿自己的情绪。我在生活中刻意练习一次只做一事，避免一心多用；也刻意放慢生活的脚步，专注体验当下正在进行的每一件事情，包括走路、吃饭、工作，以及正在互动的对象身上。

经过这些年的练习，我感觉到自己内在逐渐撑出了一个空间，在这个空间里,能够涵容各式情绪。我依旧会觉得生气、挫折、焦虑……但我能觉察并接纳这些情绪存在,而不被情绪压垮。

以前在沟通上遇到意见分歧时,我的情绪很快就会掀起波澜,也会急着反驳或说服对方。现在遇到类似的状况时,我感觉到自己的内在是平静的,也允许对方娓娓表达他的需求与想法。之所以能够如此,不是因为忍耐,也不是因为压抑,而是因为我带着放松的状态与对方沟通,所以能够拥有接纳意见歧异的弹性。

我在这本书的结尾与你分享这一段成长历程,只是想让你知道,我并不是一个打从一开始就懂得放松的人,假如我能够借由练习来改善紧绷、焦虑的状态,相信你一定也可以做得到。

期待正在阅读这本书的你,能够细细听见自己内在的声音,站稳脚步,允许自己"一次一事,专注当下",重新拥抱内在的平静,为自己经营更美好的生活。

深深地祝福。